CB129923

LIMITES DE EROS

CONSELHO EDITORIAL
André Costa e Silva
Cecilia Consolo
Dijon de Moraes
Jarbas Vargas Nascimento
Luis Barbosa Cortez
Marco Aurélio Cremasco
Rogerio Lerner

Blucher

LIMITES DE EROS

2ª edição

Organizadoras
Eliane Michelini Marraccini
Maria Helena Fernandes
Marta Rezende Cardoso

Limites de Eros
© 2012 Eliane Michelini Marraccini, Maria Helena Fernandes, Marta Rezende Cardoso e Silvana Rabello (organizadoras)
© 2022 Editora Edgard Blücher Ltda.

1ª edição – 2012, Primavera Editorial
2ª edição – 2022, Editora Blucher

Publisher Edgard Blücher
Editor Eduardo Blücher
Coordenação editorial Jonatas Eliakim
Produção editorial Bárbara Waida
Preparação de texto Carolina do Vale
Diagramação Negrito Produção Editorial
Revisão de texto MPMB
Capa Leandro Cunha
Imagem da capa Special n. 32, de Georgia O'Keefe. Pastel sobre papel, 1915.

Blucher

Rua Pedroso Alvarenga, 1245, 4º andar
04531-934 – São Paulo – SP – Brasil
Tel.: 55 11 3078-5366
contato@blucher.com.br
www.blucher.com.br

Segundo o Novo Acordo Ortográfico, conforme 5. ed. do *Vocabulário Ortográfico da Língua Portuguesa*, Academia Brasileira de Letras, março de 2009.
É proibida a reprodução total ou parcial por quaisquer meios sem autorização escrita da editora.

Todos os direitos reservados pela Editora Edgard Blücher Ltda.

Dados Internacionais de Catalogação na Publicação (CIP)
Angélica Ilacqua CRB-8/7057

Limites de Eros / organizado por Eliane Michelini Marraccini, Maria Helena Fernandes, Marta Rezende Cardoso. – 2. ed. – São Paulo: Blucher, 2022.
254 p.

Bibliografia
ISBN 978-65-5506-123-9 (impresso)
ISBN 978-65-5506-124-6 (eletrônico)

1. Psicanálise 2. Psicologia clínica 3. Psicopatologia I. Marraccini, Eliane Michelini II. Fernandes, Maria Helena IV. Cardoso, Marta Rezende

21-4743 CDD 150.195

Índice para catálogo sistemático:
1. Psicanálise

Conteúdo

Apresentação

Marta Rezende Cardoso

Temos o prazer de oferecer ao leitor uma nova edição de *Limites de Eros*, obra coletiva dedicada a temas de grande relevância e especial presença no debate atual do campo da psicanálise. A primeira edição do livro foi publicada no ano de 2012, quando já observávamos claro interesse no aprofundamento de questões que, de modo mais ou menos direto, remetem à noção de limite. Esta é perpassada por elementos clínicos e teóricos, entrelaçados de modo particularmente estreito e complexo. Foi assim que emergiu, naquele momento, o desejo de compartilhar experiências e reflexões, em cuja base se situava a nossa prática enquanto psicanalistas e pesquisadoras. Passada quase uma década, é muito gratificante a oportunidade de ampliar este projeto por meio da publicação de outra edição, num movimento de abertura e convocação do interesse de novos leitores.

No intervalo transcorrido entre as duas edições, viemos lamentavelmente a sofrer a triste e dolorosa perda de uma das organizadoras desta coletânea, autora também de um dos capítulos que a compõem: nossa querida amiga Silvana Rabello. Nossa memória permanece e permanecerá para sempre habitada pela bela lembrança dos momentos de encontro e de troca tão especiais que com ela tivemos. Oferecendo-nos sua intensa e suave presença, seu talento, suas ideias e sua generosidade na transmissão de uma experiência clínica singular, ela em muito contribuiu, por mais de uma vez, para enriquecer e frutificar nosso trabalho conjunto. Tivemos diversas oportunidades de intercâmbio com a querida Silvana, juntamente com as outras organizadoras do livro, por meio do compartilhamento de nossos trabalhos apresentados em eventos, como aquele que veio a motivar e ancorar a produção deste material a cuja leitura convidamos mais uma vez, agora em nova edição.

A ideia desta coletânea surgiu a partir de um simpósio que se realizou no IV Congresso Internacional de Psicopatologia Fundamental (X Congresso Brasileiro de Psicopatologia Fundamental), na cidade de Curitiba, em setembro de 2011, evento promovido pela Associação Universitária de Pesquisa em Psicopatologia Fundamental (AUPPF). Sob minha coordenação, o simpósio foi dedicado justamente ao tema "Limites de Eros: desafios da clínica psicanalítica" e contou com as apresentações de trabalho das quatro organizadoras deste livro. Entusiasmadas e instigadas pela rica discussão que essa temática suscitou, tivemos, então, o desejo e a iniciativa de publicar este material, que veio a ser em muito enriquecido pela contribuição de vários outros colegas, todos professores, pesquisadores e clínicos, que prontamente aceitaram o convite que lhes foi feito, dispondo-se a colaborar e a participar ativamente deste projeto.

Contemplando múltiplas vertentes de análise, o livro oferece a apreciação de distintas situações clínicas, nas quais se coloca a questão dos limites do trabalho psíquico, o trabalho de Eros. Os artigos que o compõem contemplam, de forma especialmente integrada, elementos teóricos e clínicos relativos a vivências subjetivas, em que estão envolvidas tanto as dificuldades nos planos intrapsíquico e intersubjetivo quanto a capacidade de ligação e de representação.

Esta problemática é elaborada não somente pelo viés da dinâmica pulsional, mas igualmente da dinâmica das relações objetais e, particularmente, a partir do plano da relação transferencial. Ou seja, trata-se de explorar diferentes fenômenos que nos interrogam sobre os limites de Eros, inclusive ante os desafios que colocam à clínica psicanalítica, tendo em vista a singularidade de seu manejo. Os limites do trabalho psíquico nas configurações subjetivas que parecem marcar a atualidade são também objeto de análise em vários textos desta coletânea.

Segue-se, então, um breve resumo de cada artigo, com o intuito de oferecer ao leitor um panorama prévio do conjunto do material que tivemos o prazer de realizar e aqui reunir.

Em "A face clínica do indivíduo insuficiente", Claudia Amorim Garcia discute as consequências subjetivas advindas de transformações normativas ocorridas nas últimas décadas na sociedade ocidental, argumentando que o novo conjunto de exigências ideais, centrado nos valores de liberdade, autonomia, iniciativa individual e desempenho competitivo, determinam transformações cruciais nas expressões de sofrimento psíquico. Tendo como operadores o conflito psíquico e o recalque, a estruturação neurótica cede lugar aos casos limites, assolados por sentimentos difusos de fragilidade e paralisação que denotam prejuízo na constituição das fronteiras psíquicas. A seguir, são tecidas considerações sobre o conceito de clivagem na clínica contemporânea das patologias limítrofes, mostrando seu caráter defensivo e essencialmente paradoxal, uma vez que representa uma tentativa de manutenção da sobrevivência psíquica por meio de um corte mutilante da experiência traumática, assim silenciada.

Eliane Michelini Marraccini mostra, em "Sob a sombra de si: um eu em ruína", que um sério adoecimento psíquico de teor depressivo-melancólico pode emergir após situações de perda vividas como devastadoras, levando o sujeito à falência psíquica e a um profundo colapso na existência, culminando no quadro clínico denominado por ela "eu em ruína". A autora nos fala de sujeitos impossibilitados de reorganização psíquica após perdas traumáticas, mergulhados no desamparo e na impossibilidade de luto, consumidos pelos repetidos e corrosivos fracassos que ocorrem em suas vidas esvaziadas. A incidência do quadro clínico "eu em ruína" é marcante na clínica atual, apresentando-se em organizações psíquicas com traços psicopatológicos distintos, casos que impõem um árduo desafio ao psicanalista.

Importantes questões são elaboradas por Elisa Maria de Ulhôa Cintra em "Os limites de Eros na melancolia e no luto", texto cuja inspiração maior reside em "Luto e melancolia", de Freud. O que torna possível um processo de luto e o que leva ao luto impossível da melancolia? O que leva o trabalho de Eros a desorganizar-se, deixando predominar a dinâmica desobjetalizante de Tânatos? A proposta é escutar o que dizem, dentre outros autores, Freud, Melanie Klein e Winnicott sobre o luto e a melancolia, para aí reencontrar os cruzamentos fecundos, as raízes e os desdobramentos de uma obra sobre a outra. As autorrecriminações do melancólico precisam ser conhecidas por intermédio de relatos que deixem entrever a dor e a virulência de um imaginário destinado a purificar e a destruir, por meio de mecanismos de exclusão de tudo aquilo que se tornou insuportável. O filme *Shutter Island*, de Martin Scorsese, serve de ilustração desse desfecho trágico, quando é impossível processar os acontecimentos terríveis de uma vida. Na melancolia, quando a razão se torna delirante, a ordem peremptória do superego selvagem é: purificar e destruir. Purificar a atribuição de qualidade negativa, separando-a completamente da qualidade positiva;

dividir o eu entre um juiz que crê tudo saber e alguém esmagado sob o peso de um julgamento severo.

O artigo de Flavio de Carvalho Ferraz, "A psicossomática no espectro da psicopatologia psicanalítica", trata do estatuto do corpo em psicanálise, partindo do conceito de neurose atual e procurando analisar as razões pelas quais Freud o foi deixando de lado. Tendo como ponto de partida as contribuições de autores pós-freudianos ligados à escola francesa de psicossomática, são propostas articulações entre as neuroses atuais e os conceitos freudianos de trauma e pulsão de morte. Por fim, é examinado o aproveitamento clínico desta empreitada. *Grosso modo*, o autor defende a ideia de que o corpo, em psicanálise, constitui essencialmente um "resto", o qual é simultaneamente resto da teoria – aquilo que foi, num determinado momento, abandonado como objeto psicanalítico – e resto do sujeito psíquico em sua ontogênese, ou seja, o seu patrimônio genético herdado, que fica aquém da formação de um sujeito psíquico fundado na linguagem (e, portanto, marcado pela simbolização), cujo funcionamento obedece aos esquemas filogenéticos ainda não singularizados. Retoma-se, assim, a distinção entre corpo somático e corpo erógeno, marcada pela ação do apoio (*Anlehnung*), ou da subversão libidinal, conforme terminologia de Christophe Dejours.

Maria Helena Fernandes, em "Mãe e filha... Uma relação tão delicada...", se debruça sobre a anorexia, que nos confronta, de saída, com a questão do corpo, bem como nos coloca diante da especificidade dos processos da adolescência, particularmente em relação às meninas. A observação do esforço das jovens anoréxicas no sentido do apagamento das formas do corpo pelo emagrecimento excessivo levou vários autores a ressaltar a recusa da feminilidade nesses casos. No entanto, a clínica psicanalítica coloca em evidência que a problemática da indiferenciação com a figura materna, tão comum nesses casos, apresenta justamente a particularidade de se anunciar como indiferenciação entre o próprio corpo e o corpo da mãe. A autora pretende demonstrar que não se trata de uma recusa da feminilidade, mas mais precisamente de uma recusa da feminilidade da mãe. O objetivo dessas jovens não parece ser um ataque ao feminino, mas antes uma tentativa de diferenciação, a busca de uma feminilidade outra, a configuração da própria identidade: a tentativa de construir um corpo próprio.

Inspirada no texto "Responsabilidade e resposta", de Jean Laplanche (1994), Maria Teresa de Melo Carvalho nos oferece uma reflexão que busca compreender e elaborar a noção de responsabilidade a partir da teoria psicanalítica, analisando-a, inicialmente, em relação ao conceito de narcisismo e, em seguida, ilustrando as conclusões dessa análise com duas vinhetas clínicas, relativas a casos de crianças vítimas de abuso sexual. O texto parte do mote da responsabilidade para chegar ao tema da resposta, percurso que fornece elementos para uma teoria da responsabilidade no contexto da teoria da sedução generalizada. Os aportes desta teoria e, em particular, a noção de resposta à mensagem do outro em sua relação com o recalcamento, o narcisismo e o seu papel na constituição psíquica, podem promover a abertura de novas vias em futuras investigações clínicas.

A singularidade da técnica na clínica dos estados limites constitui o foco central do artigo "Construções e figurabilidade em análise: vias de abertura à representação?", de autoria de Marta Rezende Cardoso e Raquel del Giudice Monteiro. Supondo a presença de uma dimensão traumática na base dos estados limites, o recurso à construção parece ter especial importância na clínica desses casos por ser um dispositivo técnico que favorece o processo de inscrição das marcas traumáticas. Por sua condição de não inscrição no aparelho psíquico como traço mnêmico, essas marcas encontram-se muito próximas do registro perceptivo, sensório. O processo de construção/diferenciação visa dar uma forma imagética, possibilitando a formação de um "contorno" aos elementos que se encontram fora do registro da representação. A noção de construção é trabalhada no texto em estreita articulação com a de figurabilidade, proposta teórica que vem a ser aprofundada e ilustrada por meio da discussão de um rico material clínico.

Em "'A sexualidade ampliada no sentido freudiano': breves considerações sobre psicanálise e direito", Paulo de Carvalho Ribeiro sublinha que há muito a psicanálise vem sendo confrontada com a necessidade de responder, em termos teóricos e clínicos, a uma série de manifestações do sofrimento psíquico que não encontram lugar entre as formas clássicas de neurose, psicose ou perversão. Este esforço teórico e clínico se confunde muitas vezes, ora com um questionamento sobre os limites de Eros, ora com interrogações quanto aos limites da representação e aos limites do simbólico. A partir de uma breve reflexão sobre possíveis contribuições da psicanálise ao direito, o autor trata das relações de Eros com o sexual e com uma concepção estruturalista do inconsciente, visando distinguir o que seria o suposto limite de Eros na abordagem psicanalítica das novas formas de sofrimento, e o que seria uma limitação injustificada do significado de Eros na teoria e na prática da psicanálise.

"Morrer em análise", de Rubens Marcelo Volich, nos convida a refletir sobre os limites de qualquer processo terapêutico, e de uma análise em particular. Neste trabalho, são analisados os efeitos das situações de sofrimento, algumas vezes extremas, no processo psicanalítico. Essas situações podem mobilizar, no par analítico, vivências sensoriais que muitas vezes se encontram aquém do discurso e das possibilidades de representação, inviabilizando o trabalho interpretativo e de elaboração. Há momentos em que mesmo o resguardo e a proteção do enquadre analítico não são suficientes para sustentar os investimentos do analista ou do analisando. Afirma o autor que compreender a natureza e as dinâmicas implicadas na constituição e nos desdobramentos do núcleo masoquista erógeno primário pode propiciar a superação de muitos dos impasses encontrados em tais momentos.

A coletânea *Limites de Eros* é finalizada com o artigo de Silvana Rabello, "Sobre as bordas na clínica com as psicoses e na construção dos objetos no laço mãe-bebê", que sustenta que na clínica dedicada às psicoses, tanto em adultos como em crianças, um determinado laço, de caráter peculiar, é encontrado entre mães e filhos. Este laço se define pela ausência das bordas necessárias para que sejam configuradas as dimensões da alteridade, fundamentais à subjetividade. O texto reúne experiências clínicas com elementos significativos sobre este fenômeno: a intensa e ativa força que sustenta a indiscriminação entre "eu" e "outro" em alguns laços entre mãe e filho. Procura-se compreender o que, nesta dinâmica, determinaria o fracasso de boa parte das intervenções, por meio da análise de material clínico relativo a esta configuração psíquica quando identificada precocemente, ou seja, antes dos 3 anos de idade. Nesse caso, a indiscriminação não encontra na criança a construção de um sujeito – que a capacitaria a articular seus registros psíquicos pela produção de um sentido no laço social –, justificando repetições imperiosas, como as ecolalias e as estereotipias.

Que a leitura desta coletânea possa auxiliar e ampliar a compreensão desse frutuoso campo de reflexão.

A face clínica do indivíduo insuficiente

Claudia Amorim Garcia

A sociedade ocidental contemporânea vem atravessando mudanças normativas extremamente significativas, que transformaram nossa maneira de viver e nos relacionar. Ao que tudo indica, estamos nos deslocando de uma experiência coletiva para outra que mal se delineia, mas cujas consequências psíquicas vêm se tornando cada vez mais evidentes.

A nova configuração do espaço social que hoje parece predominar é herdeira de longo processo histórico que alcançou seu clímax depois da Segunda Grande Guerra, particularmente a partir dos anos 1960. O modelo de conduta até então dominante se caracterizava pela importância concedida a valores normativos tradicionais como disciplina, obediência e sacrifício que, de maneira geral, orientavam as decisões e ações individuais. Estes ideais de conduta se agrupavam em torno da polaridade permitido/proibido, fundamentada pela lei simbólica, e construída, portanto, a partir de uma experiência coletiva, referência central para o indivíduo moderno (Ehrenberg, 1995, 1998). O não cumprimento dessas normas exemplares, representado pela transgressão, acarretava mal-estar moral e culpa, expressões subjetivas dramaticamente encenadas na clínica da histeria. Foi a escuta sensível de Freud ao sofrimento histérico que o levou a postular a hipótese do inconsciente e, assim, inaugurar a psicanálise com as neuroses de transferência, cuja emergência atribuiu à incidência do recalque, resposta inusitada ao conflito psíquico.

A partir da segunda metade do século XX, no entanto, e em decorrência da fragilização da referência permitido/proibido, outras condições de subjetivação passaram a vigorar a partir da emergência de novas balizas normativas agora constitutivas da polaridade possível/impossível, oriunda de critérios individuais e dominante na atualidade (Ehrenberg, 1998). Desta forma, o modelo disciplinar de conduta foi contraposto a um conjunto de normas que estimulavam a liberdade e iniciativa individuais, preconizando o direito de escolha livre e individual e a responsabilização de cada um pela condução de sua vida. Intensificou-se, assim, o processo de emancipação do indivíduo, agora libertado das amarras morais tradicionais, e instigado a se tornar agente de sua própria história na busca de sua felicidade como promessa e direito individual (Aubert, 2004), evento até então inédito no contexto da sociedade ocidental. Este movimento emancipatório se fez acompanhar por um dramático deslocamento normativo em que sacrifício, disciplina e culpabilidade deixaram de ser critérios centrais e passaram a conviver com as exigências de autonomia, desempenho competitivo e iniciativa como novos parâmetros norteadores (Ehrenberg, 1995, 1998). O cumprimento destas exigências ideais, no entanto, viu-se gravemente comprometido pela fragilização das referências simbólicas e institucionais que haviam vigorado na Modernidade (Aubert, 2004; Castell, 1998). De fato, se moralidade e tradição já não são mais indicativos da melhor forma de se proceder, por outro lado, as instituições sociais – políticas, religiosas e familiais – que balizaram o trajeto existencial das gerações que nos antecederam, perderam sua relevância no contexto atual. Uma das inúmeras consequências deste estado de coisas é a emergência do *indivíduo insuficiente*, na terminologia de Ehrenberg (1998), paralisado frente à exigência de fazer escolhas dentre as aparentemente infinitas possibilidades que se lhe apresentam, num contexto onde predomina a crença de que tudo é possível e no qual o não cumprimento das exigências normativas se expressa num sentimento de fracasso.

Numa direção semelhante, Castell (2004) utiliza a expressão indivíduo pela falta (*par défaut*) para se referir a uma das faces do indivíduo hipermoderno (Aubert, 2004) que carece do suporte necessário para aceder a independência, autonomia e iniciativa exigidas e, portanto, fracassa no cumprimento das normas atuais, o que resulta em prejuízo narcísico. A este se contrapõe o indivíduo pelo excesso (*par excès*) empreendedor, ativo, inovador e narcisicamente envolvido consigo próprio como exige o cumprimento das normas centradas na iniciativa, autonomia e responsabilização pessoais. Ambos exibem, cada um a seu modo, problemática narcísica associada às patologias sociais do esgotamento (Aubert, 2004) presentes na hipermodernidade, termo utilizado para designar o momento contemporâneo que se caracteriza pelo excesso, pela exacerbação, pela sobrecarga e, portanto, inevitavelmente pela precariedade e fragilização social e subjetiva.

> *Excesso, fragmentação, incerteza quanto à definição de si: estas são as noções que vão balizar nossa tentativa de compreender quem é, ou melhor, quem são os indivíduos "hipermodernos". Se interrogar sobre as características ou a problemática de um indivíduo contemporâneo "hipermoderno" implica, assim, a idéia de aumento, excesso, intensidade. (Aubert, 2004, p. 16, trad. minha)*

Excesso como demasia, aquilo que passa da medida, exagero de exigências, expectativas, demandas de todos os tipos, excesso pulsional mas também "excesso na inexistência" (Aubert, 2004, p. 19) o que remete à centralidade do trauma como fator etiológico central na atualidade.

De fato, para Figueiredo (2003a) foram os processos de classificação, segregação e purificação, iniciados na Modernidade com o intuito de ordenar uma realidade que se apresentava como ameaçadoramente caótica, que acabaram por evidenciar o incontrolável, o fora do sentido, próprio ao humano, aquilo que resiste às tentativas de clareza, definição e controle. O traumático emergiu, portanto, do processo ordenador moderno, instigando à atividade de reflexão que o exercício da psicanálise tão bem exemplifica (Figueiredo, 2003a), vindo a se tornar elemento crucial nos processos de subjetivação contemporâneos e, especificamente, na determinação da forma de sofrimento dominante.

> *[Pela] inflação da vontade e do empenho de domínio, clareza e distinção fazem da Idade Moderna uma época extremamente exposta ao traumático; . . . como regime de vida, passa-se, assim, de uma consideração dos "eventos traumáticos" aos "traumas cumulativos" (Khan, 1963) e, mais ainda, aos traumas crônicos e recorrentes que pertencem a um dado projeto de mundo (no sentido heideggeriano do termo), o mundo moderno. (Figueiredo, 2003a, p. 14)*

Do ponto de vista psicanalítico, a face clínica do indivíduo hipermoderno aponta para um cenário subjetivo habitado por sentimentos difusos de fragilidade, paralisação e vergonha que denotam frágil constituição egoica submetida a excesso pulsional não elaborado. Independentemente da terminologia utilizada para designá-los (bastante diversificada, e variando segundo o autor em questão) – casos limites, estados limites, pacientes fronteiriços ou *borderline*, sofrimentos narcísico-identitários – estes pacientes se caracterizam por uma constituição narcísica deficitária e resultante da exposição a situações traumáticas muito primitivas. O trauma na origem interfere dramaticamente na constituição das fronteiras psíquicas, sempre muito precárias, e redunda na utilização sistemática do mecanismo da clivagem. A presença de partes clivadas, por sua vez, empobrece o eu e agrava a fragilidade de suas fronteiras, instaurando um círculo vicioso interminável. O resultado dramático deste estado de coisas se apresenta como prejuízos à capacidade representacional, o que os deixa à mercê dos episódios extrarrepresentacionais de que frequentemente fazem uso, e de impulsos agressivos muito primitivos.

O interesse da psicanálise por estes pacientes foi motivado, inicialmente, pelas dificuldades encontradas no seu manejo analítico, resultantes, por um lado, das tentativas dramáticas de proteger a integridade das fronteiras do eu e o isolamento das partes clivadas que apresentam e, por outro, do sério prejuízo à capacidade de representar e pensar que os caracteriza. Estas manobras defensivas são encenadas, principalmente, na dificuldade que apresentam de lidar com os limites do espaço analítico, o que resulta nos frequentes ataques ao enquadre, expressões pungentes da atmosfera intensa e dolorosa que predomina no seu mundo interno, dilacerado pelas clivagens e submetido à ação de pulsões destrutivas primárias (Green, 1975; Bayle, 2009). Ao que tudo indica, a qualidade beligerante da relação transferencial daí resultante transmite não apenas a fragilidade das fronteiras psíquicas e a impossibilidade de representar, mas, em última análise, aponta para o fato de que a manutenção de seus limites psíquicos é mais crucial do que a satisfação libidinal. De fato, é a própria existência psíquica destes pacientes que se vê ameaçada pela relação transferencial que evoca a precariedade dos limites e ameaça a reativação do estado traumático primitivo. A utilização das reações contratransferenciais em proveito do processo analítico é crucial nestas análises nas quais o analista se vê não apenas frequentemente sob ataque mas também demandado a expressar e representar aquilo que o paciente não consegue comunicar (Green, 1999; Roussillon, 1999). Foi a configuração deste cenário analítico dificultoso que levou André Green (1975) a denominar estes casos clínicos de estados limítrofes de analisabilidade para se referir a pacientes que, em casos extremos, colocam em questão a viabilidade de realização de uma análise, pelo menos nos moldes clássicos freudianos.

Partimos então da suposição de que transformações normativas determinam novas condições de subjetivação, no bojo das quais se dão os processos psíquicos. No que se refere ao cenário atual, as exigências normativas em curso num contexto institucional incerto e não confiável (Castell, 1998; Mizrahi & Garcia, 2007) intensificam sentimentos generalizados de insuficiência e exacerbam as experiências traumáticas de desamparo (Garcia, 2005), interferindo no destino das relações objetais, contexto privilegiado de constituição subjetiva. O prejuízo daí decorrente afeta não apenas os processos de separação e a capacidade de representação como é também responsável pelo uso frequente da clivagem, resposta defensiva ao excesso pulsional a que se vê submetido o sujeito, e que se apresenta como arremedo de uma separação que, na realidade, não se deu.

A clivagem do eu freudiana

A importância da clivagem, no sentido de divisão psíquica, nas teorias explicativas do psiquismo é anterior, naturalmente, ao aparecimento da psicanálise, como atestam as contribuições da psicopatologia do final do séc. XIX, principalmente os trabalhos de Bleuler e Janet. Se em Bleuler a esquizofrenia teria como origem uma clivagem radical entre o eu e a realidade, em Janet uma fraqueza inata da capacidade de síntese seria responsável pela divisão da consciência, estigma histérico por excelência. Breuer também recorre à ideia de uma clivagem entre estados da consciência na sua postulação dos estados hipnoides nos quais emergiria o sintoma histérico. Discordando de Bleuler e Janet, e também de Breuer, embora no início tenha aparentemente acatado sua hipótese da histeria hipnoide, Freud desenvolve uma teoria explicativa da histeria de caráter essencialmente dinâmico, remarcando o jogo de forças em ação. Afirma, assim, a existência do conflito psíquico na determinação da divisão entre os sistemas inconsciente/pré-consciente-consciente e também, posteriormente, entre as instâncias psíquicas, traço distintivo de sua teoria.

Duas décadas mais tarde, ao fazer considerações sobre a origem da consciência no trabalho sobre o narcisismo, Freud (1914) apontou para uma divisão do eu entre um agente observador e outra parte que é observada, o que desencadearia o recalque. Foi, no entanto, só a partir da postulação da segunda teoria pulsional, em 1920, que a clivagem passou a ocupar lugar de destaque no texto freudiano. Neste sentido, numa extensa discussão sobre a clivagem e suas consequências psíquicas devastadoras nos casos limites, André Green (1993b) afirma que as consequências teórico-clínicas da introdução do conceito de pulsão de morte exigia revisão geral da concepção de defesa, desenvolvimento teórico no qual o conceito de clivagem desempenha o papel de carro-chefe. De fato, após ter sido brevemente mencionada em 1915 e 1924, a clivagem é anunciada formalmente no trabalho sobre o fetichismo, em 1927, posteriormente aprofundada nas considerações sobre a divisão do eu no processo de defesa, em 1940 e, finalmente, de forma mais definitiva e abrangente no *Esboço*, também de 1940. Neste trajeto conceitual ampliou-se a abrangência do conceito que tendo sido inicialmente postulado no contexto de uma discussão sobre o fetichismo, considerado como apresentação exemplar da perversão, acabou sendo associado não apenas à psicose como também à neurose, na formulação final freudiana.

As primeiras enunciações freudianas a respeito da clivagem são de caráter essencialmente descritivo e servem apenas para designar uma divisão psíquica, sem nenhuma pretensão explicativa. Assim, encontramos no trabalho "Neuroses de transferência: uma síntese" (Freud, 1915), uma referência ligeira a um mecanismo de divisão que seria próprio das neuroses narcísicas e corresponderia ao recalque presente nas neuroses de transferência. Em 1924, no âmbito de uma discussão comparativa entre a neurose e a psicose, é em relação ao desfecho do conflito psíquico que a clivagem, ou "divisão de si próprio" (Freud, 1924, p. 193), juntamente com a deformação e a perda de unidade, é mencionada como alternativa à ruptura psicótica decorrente do conflito, e representativa de alterações do eu. Apesar, portanto, de o conceito de clivagem do eu ter sido enunciado formalmente apenas em 1927, no contexto de uma discussão sobre a perversão, foi primeiramente numa referência às neuroses narcísicas, ainda em 1915, e à psicose, em 1924, que a clivagem surgiu, dando origem a uma articulação entre elas que será retomada no final da obra freudiana. Este desenvolvimento teórico vem ao encontro da reiterada afirmativa sobre a relevância da clivagem na constituição dos estados limites, mais próximos da psicose, posição amplamente defendida no contexto da psicanálise contemporânea.

Apesar de a estreita relação entre recusa e clivagem do eu marcar a posição freudiana, encontramos no texto de 1923 sobre a fase fálica uma menção à recusa (*Verleugnung*) sem qualquer referência ao mecanismo da clivagem. A articulação definitiva entre as duas aparece apenas no trabalho sobre o fetiche (Freud, 1927) entendido como um substituto para o pênis materno cuja ausência se constitui numa ameaça insuportável. O vocábulo "clivagem" não consta do texto, mas a ideia de uma divisão psíquica, e sua relação com a recusa, é explicitada na descrição da atitude dividida do fetichista que, ao mesmo tempo, aceita e recusa a percepção da ausência do pênis, criando o fetiche. Aqui não se trata de escotomizar, como defendia Laforgue, mas de manter duas atitudes opostas - o menino "reteve essa crença, mas também a abandonou" (Freud, 1927, p. 181) - o que, de resto, pode se dar também em relação a outras situações traumáticas cuja percepção é igualmente recusada pelo eu. É neste sentido que Freud se refere às reações de dois meninos à morte do pai, nos quais o reconhecimento e o não reconhecimento do fato persistiam lado a lado, resultando numa divisão do eu que não se dava como resposta à castração, mas como defesa contra uma situação traumática dolorosa.

Então, se por um lado a relação entre fetiche e clivagem do eu é necessária, por outro, o contrário não é verdadeiro - o que nos leva a observar dois pontos relevantes para a discussão da clivagem nos casos limites: a) a clivagem é uma resposta defensiva a uma situação traumática; e b) não há uma origem específica para o trauma.

De fato, no texto sobre a divisão do eu (Freud, 1940[1938]a) - ainda que Freud tome novamente como situação exemplar a resposta do menino frente à ameaça de castração -, a discussão é iniciada justamente com a explicitação desses dois pontos. A divisão do eu é, então, explicitamente atribuída a um trauma psíquico e o caso específico em discussão, isto é, um caso de fetichismo "não abrange todos os modos possíveis de causação". Neste contexto ampliado é, então, finalmente introduzida uma primeira definição da clivagem do eu.

> *Existe assim um conflito entre a exigência por parte do instinto e a proibição por parte da realidade. Na verdade, porém, a criança não toma nenhum desses cursos, ou melhor, toma ambos simultaneamente, o que equivale à mesma coisa . . . As suas reações contrárias ao conflito persistem como ponto central de uma divisão (splitting) do ego. (Freud, 1940[1938]a, p. 310)*

Aqui, como anteriormente, a divisão do eu é discutida em relação à formação do fetiche e, portanto, à recusa, o que lhe atribui um âmbito de atuação circunscrito. Mas no *Esboço* (Freud, 1940[1938]b), seu alcance se amplia enormemente levando a sugerir que a função de divisão ou de corte, própria da clivagem, seria comum a vários mecanismos de defesa, o que talvez tenha levado Green (1993a) a considerá-los como manifestações do trabalho do negativo, realizando assim uma operação conceitual já anunciada nos textos finais de Freud. O fato é que, se no *Esboço* a divisão psíquica é extensamente discutida em relação à psicose - sendo considerada como seu mecanismo central –, também é atribuída "a outros estados mais semelhantes às neuroses e, finalmente, às próprias neuroses" (Freud, 1940[1938]b, p. 232). Por outro lado, se a relação do fetichismo com a clivagem do eu continua a ser privilegiada, isso não garante seu caráter de exclusividade mas, pelo contrário, "trata-se simplesmente de um tema particularmente favorável para estudar a questão" (p. 233). Neste sentido, qualquer negação de uma percepção desprazerosa redunda numa divisão do eu considerada, então, característica universal das neuroses, que consiste em que "estejam presentes na vida mental do indivíduo, em relação a algum comportamento particular, duas atitudes diferentes, mutuamente contrárias e independentes uma da outra" (p. 234).

A diferença entre a clivagem do eu na neurose e no fetichismo é de natureza essencialmente topográfica. O neurótico recalca seus impulsos libidinais em favor da realidade representada pelo eu, enquanto o fetichista constrói um substituto para a percepção que lhe parece insuportável. O fetiche é o equivalente do sintoma, e ambos demonstram que duas atitudes opostas são mantidas e, portanto, a relação com a realidade fica preservada, o que também aconteceria nas psicoses que tampouco alcançariam um total alheamento da realidade (Freud, 1940[1938]b).

A ampliação do escopo da clivagem para outras estruturas além da perversão, e a retomada de sua aproximação com a psicose, assim como a possibilidade de postular diferentes causações para sua emergência, possibilitaram sua identificação nos casos limites. Resta, no entanto, a ênfase atribuída à percepção na definição freudiana da clivagem do eu que não se aplica à clivagem nos casos limites, como esclarece Widlocher (1999) ao diferenciar a negação da realidade, no fetichismo, e a clivagem, nos casos limites.

> *Nada deste tipo nas organizações limite nas quais a divisão cria duas evidências subjetivas contrária mas que não alteram em nada a evidência externa, a não ser no caso onde se estabelece precisamente um mecanismo delirante. (Widlocher, 1999, p. 82, trad. minha)*

De uma forma geral, no entanto, é possível arriscar a afirmativa de que na diversificada e prolífica literatura sobre a clínica dos pacientes limítrofes parece ser de consenso a tese segundo a qual a clivagem se constitui no mecanismo central destes casos, embora nem sempre definida da mesma forma ou entendida como resultando nas mesmas consequências.

Trauma e clivagem: elementos constitutivos da lógica do desespero

Na longa entrevista que concedeu a Manoel Macias, Green (1994) afirma que considerava seu trabalho sobre o analista, a simbolização e a ausência no contexto analítico, apresentado no Congresso Psicanalítico Internacional em 1975 um de seus textos mais relevantes, e também um divisor de águas entre as temáticas do narcisismo e dos casos limites, como objetos centrais de seu interesse nas três últimas décadas. De fato, o trabalho de 1975 constitui-se numa primeira discussão sobre a clínica dos pacientes limítrofes cuja característica principal diria respeito à fragilidade de seus limites psíquicos, evidência incontestável de uma fusão primária não elaborada, que resultaria, em última análise, num prejuízo ao pensamento. Na tentativa de se ver livre do excesso pulsional a que se sentem submetidos pela coalescência pulsão-objeto (Green, 1990), os casos limites recorrem predominantemente a alguns mecanismos de defesa típicos, como a exclusão somática, a expulsão via ação, o desinvestimento pulsional e a clivagem.

O movimento de disjunção e separação, requisito fundamental para o processo de constituição subjetiva, implica uma negativização (Green, 1993a). A separação então resultante é expressão do trabalho do negativo estruturante que enseja o apagamento do objeto primário e, consequentemente, a emergência de um espaço psíquico habitado por representações e pelo desejo. Todavia, quando o objeto primário não se apresenta como suficientemente bom e não se constitui a preocupação materna primária (Winnicott, 1956), o fracasso da adaptação necessária ao bebê, neste primeiro estágio, interfere nas etapas seguintes impedindo que o objeto prossiga no seu percurso rumo à construção da externalidade. Intensos sentimentos de aniquilação e a angústia impensável (Winnicott, 1962) aparecem, então, acompanhados pelo uso de defesas primárias e violentas, dentre elas a clivagem patológica, uma face do trabalho do negativo desestruturante. Então, quando o objeto permanece absoluto e excessivo em sua ausência ou presença intrusiva, isto é, não se apresenta como suficientemente bom e, portanto, não se deixa ser esquecido e substituído, acontece a loucura privada (Green, 1979, 1999), efeito do excesso pulsional que impede a construção de representações e exige descarga. Em Winnicott (1962), esse fracasso do objeto na sua função primária de adaptação resulta em distorções na organização egoica que posteriormente redundam em diferentes configurações clínicas dentre as quais o falso self e a personalidade esquizoide, expressões da patologia dos limites também eloquentemente representadas pela loucura privada.

Se, por um lado, a clivagem não implica um movimento de exclusão psíquica, como acontece com as atuações e as psicossomatoses, por outro lado, afeta dramaticamente o funcionamento psíquicos dos pacientes casos limites e é considerada subjacente a todas as demais manifestações defensivas (Green, 1977). Sua ação interfere primordialmente na construção das fronteiras psíquicas entre o mundo interno e a realidade externa, mas também, e principalmente, nos limites intrapsíquicos, atacando os vínculos entre representações e também entre o afeto e a representação. De fato, um dos efeitos mais prejudiciais da clivagem na cena psíquica redunda na criação de núcleos incomunicáveis que mais se assemelham a arquipélagos isolados cujo tecido intersticial se mostra na análise como sentimentos de vazio, pensamentos, afetos, fantasias desconectados e permeados por ausência de vitalidade (Green, 1977).

Os entraves ao processo de personalização, fundamental nos primórdios da constituição do eu, assim como a conformação tão peculiar da triangulação edípica são também tributários da ação da clivagem. No que se relaciona ao processo de personalização (Winnicott, 1962), a incidência da clivagem danifica a relação entre o soma e o corpo libidinal, levando à invasão do psíquico pelo soma o que vem a ser dramaticamente encenado nas manifestações psicossomáticas (Green, 1977). Por outro lado, a ação da clivagem também pode resultar na bi-triangulação edípica cuja expressão mais pungente no espaço analítico é a existência da dupla angústia. A bitriangulação diz respeito a uma triangulação edípica duplicada na qual os genitores estão presentes, mas os critérios que os diferenciam não se referem nem à diferença sexual nem às suas funções mas às qualidades de bom e mau, por um lado, e inacessível e intrusivo, pelo outro (Green, 1975, 1999; Wildlocher, 1999) Há, portanto, um objeto cindido em duas partes simetricamente opostas: mau/onipresente e bom/inacessível. Esta bipolaridade do objeto está associada à oscilação entre as angústias de intrusão pelo objeto mau e persecutório, e de abandono pelo objeto bom e inacessível que caracteriza os pacientes casos limites e os diferencia dos pacientes neuróticos nos quais predomina a angústia de castração. Além disso, a situação de ocupação permanente pelo objeto intrusivo ou ausente, mas sempre excessivo, causa sérios prejuízos ao pensamento, já que impede a constituição da ausência (Green, 1975, 1993c) e aponta para a dificuldade do objeto em se deixar esquecer, isto é, para um fracasso do trabalho do negativo. Nesses casos, o que acontece é que a pulsão de morte não se expressa por meio de um trabalho do negativo estruturante, o que resultaria numa cisão necessária (Green, 1977), mas de apresentações do negativo patológico como a clivagem e o desinvestimento pulsional. Estes mecanismo defensivos, todavia, não efetuam o corte esperado, mas redundam num estado de paralisação representado exemplarmente pela impossibilidade de decidir. De fato, para Green (1977) no que se refere ao julgamento e ao teste da realidade há em princípio quatro possíveis desfechos:

> *De acordo com o princípio da realidade, o aparelho psíquico tem que decidir se o objeto está ou não lá: sim ou não. De acordo com o princípio do prazer . . . existe apenas sim. Winnicott descreveu o estatuto do objeto transicional que combina o sim e o não . . . Existe uma quarta resposta possível: nem sim nem não. (Green, 1977, p. 82, trad. minha)*

A quarta alternativa representa uma recusa negativa de escolha, diferente da recusa positiva do objeto transicional, e caracteriza os casos limites que, "entalados" na analidade primária (Green, 1993b), expressam com seu sofrimento a vigência da lógica do desespero determinada pela compulsão à repetição, e que se diferencia da lógica da esperança comandada pelo princípio de prazer (Green, 1979).

Utilizando-se da hipótese de uma clivagem necessária, endossada por vários autores (Green, 1977; Rocha Barros, 2009; Wildlocher, 1999; Roussillon, 1999), mas atribuindo-lhe função específica nas situações de perda do objeto, Bayle (2009) aponta para o que denomina uma clivagem funcional de caráter protetor como resposta preliminar a situações de perda. A negação da ausência, produzida pela clivagem, e a idealização do objeto perdido que a acompanha seriam os elementos constituintes do processamento da perda, etapa inicial indispensável ao posterior trabalho do luto, e reação primária à dor.

> *O processamento da perda previne uma descarga sem fim da libido que poderia levar à morte ou a uma deficiência. . . . O objetivo do processamento da perda é criar uma parte cindida do eu que vai manter viva a crença na sobrevivência psíquica, agindo como um*

> *tampão colocado no ponto onde se deu a perda, onde a hemorragia ocorreu. (Bayle, 2009, p. 28, trad. minha)*

Já em 1895, no Rascunho G, Freud havia se referido à perda do que denominou excitação sexual somática, presente na hemorragia melancólica, no contexto de sua discussão comparativa entre a melancolia e a neurastenia. Valendo-se desta imagem, Bayle (2009) descreve o processamento da perda que define como um processo lento e gradual sempre acompanhado pela manutenção dos contrainvestimentos narcísicos (Bayle, 2009) na representação do objeto perdido, agora cindida e distante do processo secundário que ameaça reativá-la. A questão central aqui diz respeito à evitação da hemorragia libidinal, intentada pela clivagem, por meio da criação de um território ainda habitado pelo objeto perdido que necessita ser preservado por um tempo por estar associado à sobrevivência psíquica daquele que perdeu. O prolongamento indefinido deste estado de coisas, no entanto, acaba enfraquecendo o próprio eu cuja possibilidade de investimento se exaure na manutenção da clivagem. Nesses casos, a clivagem funcional necessária e protetora do início se cronifica e impede a instauração do trabalho de luto. O eu fragilizado é, então, invadido por impulsos pré-genitais destrutivos, cenário onde a compulsão à repetição passa a dominar configurando um espaço psíquico representativo da lógica do desespero, aqui associada à representação do Inferno (Bayle, 2009). Nos casos limites, portanto, o trabalho do luto não é realizado, o que de resto parece ser a posição de Green (1993a), ao discutir o fracasso do trabalho do negativo nestes casos, e de Widlocher (1999) ao sugerir que nas análises de casos limites a neurose de transferência deveria ser substituída pelo trabalho do luto que não se deu.

A construção de uma parte do eu cindida e alienada do resto do funcionamento psíquico, assim como a relação estreita entre clivagem e compulsão à repetição são também discutidas por Roussillon (1999). Aqui também a clivagem é considerada o mecanismo central em pacientes narcisistas que apresentam sofrimento narcísico-identitário (Roussillon, 1999) como resposta defensiva e paradoxal a estados de traumatismo primário. Em análise, estes pacientes expõem partes clivadas que não percebem diretamente, e das quais tomam conhecimento a partir da reação que provocam no analista. Este se vê constantemente na situação paradoxal de espelhar o que não pode ser vivido, sentido ou experienciado (Roussilon, 1999), isto é, o negativo do que se lhe apresenta, e o trabalho analítico consiste, portanto, em inverter uma negatividade por meio do reconhecimento do que não pode ser reconhecido (Green, 1993a).

A conjuntura transferencial dominante nessas análises demonstra que, nesses casos, o paradoxo substitui o conflito psíquico – percebido subjetivamente e encenado na transferência dos pacientes neuróticos – no papel de modelo estruturante do funcionamento psíquico (Roussilon, 1999). E é a partir das transferências paradoxais que se evidenciam a ausência de uma ação recalcante eficaz – ausência resultante da fragilidade da capacidade representacional – e a centralidade do mecanismo da clivagem na constituição destes pacientes que sofrem de problemas narcísico-identitários.

> *Certas partes da vida psíquica não são recalcáveis porque não são representadas . . . Estas experiências psíquicas "inconscientes" ainda que não recalcadas, afetam o narcisismo e a relação à falta de uma outra maneira. . . . elas estão na origem do que denomino sofrimentos narcísico-identitários . . . (Roussilon, 1999, p. 13, trad. minha)*

A fragilidade da capacidade representacional característica dos pacientes difíceis, e especificamente dos sofrimentos narcísico--identitários, deve-se ao fato de se constituir como resposta a uma situação traumática primária que determina impossibilidade de constituir ausência e, portanto, de representar (Green, 1975, 1999).

Se, por um lado a concepção de um traumatismo primário é herdeira do conceito freudiano de trauma – entendido como estado de tensão intenso resultante da ruptura da camada protetora do aparelho psíquico (Freud, 1920) – é, no entanto, principalmente a partir do modelo winnicottiano dos três tempos (Winnicott, 1971) que Roussillon (1999) lhe dá um acabamento conceitual definitivo.

A ausência de uma resposta imediata num primeiro momento hipotético de necessidade pode ser suprida por recursos internos que possibilitem algum tipo de descarga ou ligação. Na continuidade da não resposta ocorre então um excesso traumático de tensão, um estado de desamparo, que pode deslanchar uma reativação de traço mnésico da experiência de satisfação resultando, então, num estado de falta (Roussillon, 1999), ainda de acordo com o princípio de prazer e representativo da lógica da esperança (Green, 1979). Quando a resposta finalmente aparece e propicia a satisfação esperada, ainda que tardia, estabelece-se o contrato narcísico (Roussillon, 1999) que garante a assistência do objeto nos momentos de necessidade, mas envolve preço a ser pago pelas exigências que este possa vir a fazer no cumprimento de suas funções. Se o tempo de espera é demasiadamente longo, a resposta insatisfatória, ou o preço a pagar é excessivo, então configura-se um estado de traumatismo primário dominado pelo terror agonístico (Roussillon, 1999) ou pela agonias primitivas (Winnicott, 1963). A lógica do desespero passa a dominar o espaço psíquico submetido à compulsão à repetição, fora do registro da representação, o que impossibilita o recurso ao recalque e desencadeia o processo de clivagem.

A clivagem do eu conceituada por Freud (1927) apontava para uma divisão do eu entre duas atitudes contraditórias e presentes ao mesmo tempo na superfície egoica. Nas patologias narcísicas de uma forma geral a clivagem se dá no modelo kleiniano da cisão entre o objeto bom e o objeto mau (Green, 1999) ou no sentido de uma exclusão do campo da experiência psíquica, de um corte na subjetividade (Roussillon, 1999; Bayle, 2009) ou até mesmo de uma desautorização perceptiva que impede sua tramitação no espaço psíquico e anula sua significância (Figueiredo, 2003b). O estatuto metapsicológico da parte clivada, nestes casos, caracteriza-se pelo aspecto paradoxal já que uma experiência foi vivida mas não foi representada, tendo apenas deixado traços mnésicos que não garantem sua apropriação pelo sujeito traumatizado, apesar de se constituir em uma expressão subjetiva inquestionável. É neste sentido que Roussillon (1999) faz uma distinção entre dois tipos de clivagem.

> *Diferentemente da clivagem evocada por Freud . . . a clivagem que descrevemos dilacera a subjetividade entre uma parte representada e uma parte não representada, é mais uma clivagem "ao" eu do que uma clivagem "do" eu. (Roussillon, 1999, p. 21, trad. minha)*

A feição paradoxal é, de fato, o que mais caracteriza a clivagem nos casos limites nos quais o esforço para sobreviver psiquicamente, isto é, a tentativa de se manter vivo subjetivamente, acarreta um corte mutilante da experiência traumática e o seu silenciamento. Este é o sentido atribuído por Winnicott (1963) à palavra inconsciente que designa, então, algo que o eu imaturo não conseguiu integrar à sua área de onipotência e permanece à margem, clivado, impedido de se tornar passado, como lembrança, e submetido à repetição que busca possibilitar uma experiência.

> *O paciente precisa "lembrar" isto, mas não é possível lembrar algo que ainda não aconteceu, e esta coisa do passado não aconteceu ainda, porque o paciente não estava lá para que ela lhe acontecesse. A única maneira de "lembrar", neste caso, é o paciente experienciar esta coisa passada pela primeira vez no presente, ou seja, na transferência. (Winnicott, 1963, p. 74)*

A tentativa sempre ineficaz de alienação de uma parte de si próprio por meio da clivagem de algo que não foi integrado, mas insiste por se fazer representar, é responsável pelas frequentes passagens ao ato e pelos episódios psicossomáticos. Além disso, nas patologias narcísicas o retorno do clivado resulta em efeitos psíquicos dramáticos como o empobrecimento do eu – que se fragiliza na sustentação continuada da clivagem – e a neutralização energética (Roussillon, 1999) que visa eliminar os investimentos objetais que ameaçam reativar o estado traumático primário, e encena exemplarmente a ação da função desobjetalizante da pulsão de morte (Green, 1986). O estatuto subjetivo, mas não simbólico, das ligações primárias em curso na clínica dos pacientes casos limites aponta para o predomínio da lógica do desespero caracterizada pela compulsão à repetição (Green, 1979) em detrimento do funcionamento do princípio de prazer.

A invenção da psicanálise é tributária da clínica da histeria a partir da qual foram conceituados o princípio de prazer, e seu modo dominante de funcionamento psíquico representado pelo processo primário, via de expressão do inconsciente, e o princípio de realidade, domínio do processo secundário e sede do pensamento lógico-racional. Esta dicotomia é ilusória, já que a obtenção do prazer possível exige a articulação entre os dois princípios. O sucesso desta conjunção de princípios, em última análise determinado pela realização do desejo exigida pelo princípio do prazer, caracteriza a lógica da esperança (Green, 1979, 1999). A garantia de seu funcionamento depende de uma estrutura egoica consistente e apta a realizar a transição entre os processos primário e secundário, viabilizada pelos processos terciários (Green, 1979) e, portanto, de implantar o recalque necessário e estruturante. A possibilidade de circulação e intercâmbio é, consequentemente, condição *sine qua non* para a vigência da lógica da esperança, situação bastante diferente daquela que vigora nos casos limites nos quais há o predomínio da compulsão à repetição num cenário submetido à lógica do desespero. O fracasso do princípio de prazer e da lógica da esperança que lhe subjaz suscita a atuação violenta da clivagem patológica, marca de origem destes pacientes que se encontram no limite da analisabilidade.

Referências

Aubert, N. (2004). *L' individu hypermoderne.* Paris: Érès, 2006.

Bayle, G. (2009). Splitting, processing loss and borderline states. In T. Bokanowski, & S. Lewkowicz, *On Freud's "Splitting of the ego in the process of defence"* (pp. 27-45). London: Karnac Books.

Castell, R. (1998). *As metamorfoses da questão social: uma crônica do salário.* Pctrópolis: Vozes.

Castell, R. (2004). La face cachée de l'individu hypermoderne: l'individu par défaut. In N. Aubert (Org.), *L' individu hypermoderne* (pp. 119-128). Paris: Érès, 2006.

Ehrenberg, A. (1995). *L'individu incertain.* Paris: Hachette Littératures.

Ehrenberg, A. (1998). *La fatigue d'être soi. Dépression et société.* Paris: Odile Jacob, 2000.

Figueiredo, L. C. (2003a). Modernidade, trauma e dissociação. A questão do sentido hoje. In L. C. Figueiredo, *Elementos para a clínica contemporânea* (pp. 11-40). São Paulo: Escuta.

Figueiredo, L. C. (2003b). *Verleugnung*. A desautorização do processo perceptivo. In L. C. Figueiredo, *Elementos para a clínica contemporânea* (pp. 57-76). São Paulo: Escuta.

Freud, S. (1895). Rascunho G. In S. Freud, *Edição Standard Brasileira das Obras Psicológicas Completas de Sigmund Freud* (Vol. I, pp. 275-283). Rio de Janeiro: Imago, 1969.

Freud, S. (1914). Sobre o narcisismo: uma introdução. In S. Freud, *Edição Standard Brasileira das Obras Psicológicas Completas de Sigmund Freud* (Vol. XIV, pp. 85-119). Rio de Janeiro: Imago, 1969.

Freud, S. (1915). *Neuroses de transferência: uma síntese*. Rio de Janeiro: Imago, 1987.

Freud, S. (1920). Além do princípio do prazer. In S. Freud, *Edição Standard Brasileira das Obras Psicológicas Completas de Sigmund Freud* (Vol. XVIII, pp. 13-850). Rio de Janeiro: Imago, 1969.

Freud, S. (1923). A organização genital infantil: uma interpolação na teoria da sexualidade. In S. Freud, *Edição Standard Brasileira das Obras Psicológicas Completas de Sigmund Freud* (Vol. XIX, pp. 177-184). Rio de Janeiro: Imago, 1969.

Freud, S. (1924). Neurose e psicose. In S. Freud, *Edição Standard Brasileira das Obras Psicológicas Completas de Sigmund Freud* (Vol. XIX, pp. 187-193). Rio de Janeiro: Imago, 1969.

Freud, S. (1940[1938]a). A divisão do ego no processo de defesa. In S. Freud, *Edição Standard Brasileira das Obras Psicológicas Completas de Sigmund Freud* (Vol. XXIII, pp. 305-312). Rio de Janeiro: Imago, 1969.

Freud, S. (1940[1938]b). Esboço de psicanálise. In S. Freud, *Edição Standard Brasileira das Obras Psicológicas Completas de Sigmund Freud* (Vol. XXIII, pp. 165-237). Rio de Janeiro: Imago, 1969.

Garcia, C. A. (2005). Trauma e narcisismo negativo: questões para a clínica contemporânea. In M. R. Cardoso, & C. A. Garcia, *Entre o eu e o outro: espaços fronteiriços* (pp. 65-76). Curitiba: Juruá, 2010.

Green, A. (1975). The analyst, symbolization and absence in the analytic setting (On changes in analytic practice and analytic experience), *International Journal of Psychoanalysis*, *56*(1), 1-22.

Green, A. (1977). The borderline concept. In A. Green, *On private madness* (pp. 60-83). New York: International Universities Press, 1986.

Green, A. (1979). Psychoanalysis and ordinary modes of thought. In A. Green, *On private madness* (pp. 17-29). New York: International Universities Press, 1986.

Green, A. (1986). *On private madness*. New York: International Universities Press.

Green, A. (1988). Anexo 3: Seminário sobre o trabalho do negativo. In A. Green, *O trabalho do negativo* (pp. 301-305). Porto Alegre: Artmed, 2010.

Green, A. (1990). *Conferências brasileiras de André Green*. Rio de Janeiro: Imago.

Green, A. (1993a). *O trabalho do negativo*. Porto Alegre: Artmed, 2010.

Green, A. (1993b). A clivagem: da desmentida ao desligamento nos casos-limite. In A. Green, *O trabalho do negativo* (pp. 130-176). Porto Alegre: Artmed, 2010.

Green, A. (1993c). Anexo 4: A analidade primária. In A. Green, *O trabalho do negativo* (pp. 306-313). Porto Alegre: Artmed, 2010.

Green, A. (1994). *Um psicanalista engajado: conversas com Manoel Macias*. São Paulo: Casa do Psicólogo, 1999.

Green, A. (1999). Genèse et situation des états limites. In J. André (Org.), *Les états limites* (pp. 23-68). Paris: Payot. (Petite Bibliothèque de Psychanalyse).

Mizhari, B. G., & Garcia, C. A. (2007). A capacidade de estar só: um contraponto winnicottiano ao ideal contemporâneo de autonomia absoluta, *Psicologia em Revista, 13*(2), 267-280.

Rocha Barros, E. M. (2009). Foreword. In T. Bokanowski, & S. Lewkowicz, *On Freud's "Splitting of the ego in the process of defence"* (pp. XV-XX). London: Karnac Books.

Roussillon, R. (1991). *Paradoxos e situações limites da psicanálise*. São Leopoldo: Unisinos, 2006.

Roussillon, R. (1999). *Agonie, clivage et symbolisation*. Paris: PUF.

Widlocher, D. (1999). Clivage et sexualité infantile dans les états limites. In J. André (Org.), *Les états limites* (pp. 79-92). Paris: Payot. (Petite Bibliothèque de Psychanalyse).

Winnicott, D. W. (1956). Preocupação materna primária. In D. W. Winnicott, *Textos selecionados: da pediatria à psicanálise*. Rio de Janeiro: Livraria Francisco Alves, 1978.

Winnicott, D. W. (1962). Ego integration in child development. In D. W. Winnicott, *The maturational processes and the facilitating environment*. New York: International Universities Press, 1965.

Winnicott, D. W. (1963). O medo do colapso. In C. Winnicott, R. Sheperd, & M. Davis (Orgs.), *Explorações psicanalíticas* (pp. 70-76). Porto Alegre: Artmed, 1994.

Winnicott, D. W. (1971). *Playing and reality*. London: Tavistock.

Sob a sombra de si: um eu em ruína[1,2]

Eliane Michelini Marraccini

Um "eu em ruína"[3] refere-se ao sério adoecimento psíquico que emerge após perda(s) vivida(s) como devastadora(s), o sujeito se enfrentando com intenso empobrecimento do eu e a derrocada de praticamente tudo o que edificou em sua vida. A incidência deste quadro clínico é marcante na clínica psicanalítica atual, uma dramática e enigmática condição subjetiva que pode se apresentar em organizações psíquicas com distintos traços psicopatológicos. No

1 Este artigo deriva do trabalho anterior "Sem o chão sob os pés" (2010b), apresentado no IV Congresso Internacional de Psicopatologia Fundamental e X Congresso Brasileiro de Psicopatologia Fundamental, realizados em Curitiba, PR.

2 Este artigo foi apresentado no 15º Evento do Curso de Especialização em Psicoterapia Psicanalítica da Universidade de São Paulo (USP), "Temas Clínicos em Psicoterapia Psicanalítica", realizado em outubro de 2011, e publicado nos *Anais* do evento.

3 Conceito desenvolvido a partir de minha tese de doutorado "O eu em ruína: um estudo sobre a perda", defendida em 2007 no Programa de Estudos Pós-Graduados em Psicologia Clínica da Pontifícia Universidade Católica de São Paulo (PUC-SP), sob orientação do prof. dr. Manoel Tosta Berlinck.

entanto, sempre diz respeito à incontida hemorragia do eu que produz a ruína em múltiplas áreas do viver.

São flagrantes, nestes sujeitos, os limites de trabalho psíquico – um trabalho de Eros por excelência –, encontrando-se mergulhados na perda e vivendo na sombra do que já foram. São pacientes que representam árduo desafio para o psicanalista e abrigam o risco de comprometer o exercício da função analítica, além de, em última instância, poderem promover o ruir do tratamento, mais um fracasso acumulado em suas vidas.

Fora do contexto clínico, o "eu em ruína" pode ser reconhecido em sujeitos que são consumidos por repetidos e corrosivos fracassos, habitando vidas esvaziadas que se tornaram sem sentido. Muitas vezes podem apresentar sintomas ou doenças que comprometem amplamente sua saúde física, mais uma ruína em suas vidas que poderá conduzi-los ao fim. Infelizmente, muitos deles jamais chegam à procura de tratamento, bem como alguns não conseguem conduzir com êxito o processo psicoterapêutico, tão necessário para seu possível resgate. No entanto, mais promissoramente, nos casos em que o atendimento pode ter curso, é inquestionável o avanço que pode ser obtido pelo tratamento psicanalítico, tanto no sentido da construção em análise, como no sentido da reversão dos aspectos regressivos que compõem o quadro clínico.

A seguir, alguns excertos de casos clínicos destacam o modo como acorrem ao tratamento sujeitos que tentam abrir a possibilidade de serem ajudados neste corrosivo percurso em que enveredaram, e do qual não conseguem emergir por si.

Caso Suely

Suely iniciou a primeira entrevista destacando ser publicitária, e assim indicou que se apresentaria sinteticamente, algo como um filme de 30 segundos. Buscava transmitir segurança e assertividade, porém, chamou especial atenção ao tratar-se como um produto, rápida e eficientemente, visando uma provável conquista de sua ouvinte, a psicanalista. A embalagem parecia constituir invólucro que abrigava um eu que não se sentia uno, sólido e seguro. Foram estas as primeiras impressões que causou.

Ela procurava psicoterapia aos 52 anos, pelo estado depressivo em que se encontrava, apontando que a medicação de longa data já não lhe bastava. Sua vida se desorganizara com a separação conjugal, dez anos antes, declinando completamente nos últimos quatro, após a perda do emprego de prestígio, no qual exercia cargo destacado e contava com ótimo salário. Desde então, ela se desconhecia na absoluta incapacidade de reverter sua condição pessoal, que ao longo do tempo se agravara cada vez mais.

Após residir confortavelmente em bairros de elite, tivera de aceitar a oferta de se mudar para a casa de uma amiga, bem como não contara com outra alternativa a não ser encaminhar seus dois filhos jovens para residir com o pai. Estava na iminência de depender financeiramente dos pais idosos e ter de residir com eles na periferia da cidade, de onde sempre desejara sair e muito batalhara para deixar para trás. Suely destacava que sempre vivera duas vidas, pois descendia de família muito simples e modesta mas, em função de sua atividade profissional, frequentara ambientes sofisticados, com os quais se identificava preferencialmente.

Angustiava-se muito pelos 25 quilos que engordara, especialmente nos dois últimos anos. Envergonhava-se perante os que a conheceram magra, elegante e profissional de sucesso, o mesmo ocorrendo em entrevistas para candidatar-se a um novo emprego. Sentia que a imagem física alterada denunciava irremediavelmente seu fracasso pessoal, o que a afligia sobremaneira. Encontrava-se sem energia para dar uma guinada em sua vida e levantar-se pelos próprios meios, sentindo-se muito abatida pela incapacidade de fazê-lo como outrora.

Suely abrigava conflito e divisão interna, onde o "ser menos" perante seu ideal de ego era apenas mascarado com o "ser mais" que construíra para sua embalagem subjetiva. Esta relativa compensação psíquica se desestabilizara por ocasião da separação conjugal, para se decompor amplamente após perder o emprego, respectivo *status* e condição financeira.

Caso Marisa

Marisa estava com 44 anos, obtivera relativo sucesso profissional e conquistara suficiente independência financeira até sua separação conjugal, dois anos antes. Desde então, sua capacitação e produtividade haviam declinado de modo espantoso. Atribuía o deslanchar dessa condição às circunstâncias vividas em torno da separação litigiosa, condição esta agravada pela dificílima entrega da guarda dos filhos menores para o ex-marido, totalmente vencida pela falta de condições financeiras para mantê-los.

Por não desejar a separação, os bens patrimoniais haviam sido habilmente desviados pelo ex-marido, que distorceu a divisão de bens e invalidou a pensão alimentícia à qual Marisa teria direito. Ela restara sem nada, nem mesmo o valor obtido pela venda de um imóvel de sua propriedade, adquirido em período anterior ao casamento.

Em sério estado depressivo-melancólico, Marisa emagrecera em demasia desde a separação conjugal, especialmente após a perda da convivência diária com os filhos. Provinha de família muito rica que perdera tudo há vários anos e, assim, sobrevivia com a ajuda financeira de alguns amigos, sem dinheiro nem para a compra dos remédios de que não podia prescindir. Logo na primeira entrevista disse precisar de alguém que a "adotasse" por um ou dois anos, para tentar se reerguer. Exprimiu o limite de seu desespero ao suplicar que a psicanalista não a abandonasse.

Sempre se sentira rejeitada, o patinho feio da família, em especial junto ao pai, que a desvalorizava explicitamente. Não contava nem mesmo com a mãe para vir em seu socorro, restando consolar-se das dores da rejeição nos braços de alguns empregados da casa. Sentindo-se sem identificação com os seus, batalhara para afastar-se do ambiente e da herança familiar. Seu casamento fora uma dessas ilusórias tentativas, porém, tardiamente conferia que não escapara da repetição do pesadelo da desvalorização, do abuso e da rejeição, marcas profundas em sua vida.

Além de nível universitário, Marisa possuía múltiplas capacidades e habilidades que poderiam ser ampla e plenamente exploradas a serviço de seu sustento, não fosse o estado deplorável em que se encontrava. Era crescente o abuso de álcool, que levava a efeito variadas atuações autodestrutivas, entre elas, frequentar baladas que culminavam em múltiplos encontros sexuais, se colocando no lugar de objeto desvalorizado e explorado. Por vezes, sentia alívio de que os filhos não mais residissem com ela, isentando-se da responsabilidade que sentia não poder enfrentar, pelo menos naquele momento.

Ela se sentia no fundo do poço, implorando para ser considerada como sujeito. Estava submersa no desamparo e submetida à violência não apenas dos objetos externos abusivos e espoliadores, mas de seus próprios impulsos, dominados pela ação da pulsão de morte.

Caso Mauro

Mauro contava 41 anos quando, após cerca de quinze anos de casamento e dois filhos, fora surpreendido pela decisão da esposa de sair de casa após uma briga mais contundente entre o casal. Na ocasião, Mauro encontrava-se alterado pelo consumo de álcool e droga, podendo reconhecer que se excedera nas agressões verbais e cometera pequenas agressões físicas contra a esposa.

Bebia desde os 12 anos de idade, associando esse inicio à separação conjugal de seus pais. Do álcool nunca se afastara, algum tempo depois iniciando o consumo de maconha, para finalmente se instalar o frequente consumo de cocaína, que mantinha há vários anos. Atribuía ao consumo de álcool e drogas sua impulsividade e sua agressividade, o que gerava brigas frequentes com a esposa. O casal se separara por duas vezes alguns anos antes, porém, desta vez, fora a esposa que procurara abrigo na casa da mãe. Mauro encontrava-se muito angustiado pela ameaça de perda desta ligação, e temia que, desta vez, a separação se tornasse definitiva.

Um evento marcante na vida do casal fora a perda de um filho prematuro, em virtude de problemas de saúde que culminaram em sua morte após cerca de 50 dias. Este soava ser um dos mais significativos lutos não superados na vida de Mauro, e possivelmente, também na de sua esposa.

Após a separação conjugal, ocorrida cerca de dois meses antes da procura por atendimento psicoterapêutico, Mauro alimentava ideias suicidas e ficou bem perto de atuá-las, imaginando consumá-las com armas de fogo que mantinha em casa. No entanto, a partir de determinado momento, Mauro se concentrou no objetivo de reatar a ligação com a esposa e reunir sua família, pois apesar de o filho com ele residir, a filha se encontrava em companhia da mãe. Nessa intenção, indicou ter suprimido o álcool e as drogas, bem como iniciado séria dieta que lhe possibilitara perder cerca de 25 dos 140 quilos que compunham sua obesidade mórbida, progressivamente instalada desde que ele era bem jovem.

Mauro sobrevivia financeiramente da renda de imóveis que herdara do pai, pois seus negócios, após algum desenvolvimento no passado, não conseguiam prosperar e vinham minguando completamente. Há cerca de cinco anos, enfrentava problemas profissionais e dificuldades financeiras, passava seus dias em casa, com muito tempo ocioso e sem conseguir produzir algo.

Não apenas Mauro vagava por uma vida pontuada de excessos e vazios, mas também sua esposa parecia originar-se de uma família que tentava se equilibrar entre os extremos dos gastos excessivos e das inadimplências variadas. Apresentavam um modo de funcionamento geral que impedia a estabilidade, o equilíbrio e o avançar sólido, condição que promovia completa identificação e complementaridade entre Mauro e sua companheira.

Um oásis mágico-místico era buscado pela esposa de Mauro e sua família na igreja evangélica que frequentavam. Após a separação, Mauro se aproximara do pastor dessa igreja e a ele recorria diariamente, tentando obter a reconciliação conjugal e o restabelecimento da união familiar. Após dois meses desta rotina, veio em busca de atendimento profissional, atendendo sugestão de um amigo. No entanto, esse atendimento não conseguiu passar da primeira entrevista, pois a busca de respostas sobre se a esposa o amava e se retornaria para o domicílio conjugal interpunha-se marcadamente, impedindo-o de pensar sobre a condição geral em que se encontrava e aderir ao sério tratamento que lhe foi proposto. O casamento desfeito indicava mais uma construção que se arruinava em sua vida, representante de toda uma trajetória de existência marcada pela perda e pelo fracasso.

Lamentavelmente, Mauro não conseguiu criar a possibilidade de iniciar algum trabalho psicoterapêutico, pois sempre recorrera à busca mágica, voraz e onipotente do tamponamento e adormecimento de suas dores. Os lutos não elaborados da separação dos pais e da perda do filho prematuro, entre tantos outros que muito provavelmente não chegaram a ser identificados ou mencionados por Mauro, persistiam sem ser elaborados. Vivia num círculo vicioso de ataque e culpa, a si e aos entes queridos.

Sobre o "eu em ruína"

Os excertos clínicos apresentados visaram destacar a condição em que chegam para atendimento pacientes que se tornaram um "eu em ruína", impossibilitados de reorganização subjetiva após vivência(s) de perda(s) traumática(s), mergulhados no desamparo e na desapropriação pessoal. A perda de um ser amado, de seu amor, ou de algo que tenha ocupado esse lugar, leva à hemorragia do eu, que sucumbe em colapso. Não há separação possível, nem luto efetivo, pois o objeto perdido, ou o que ocupa esse lugar, é sentido como ideal e imprescindível para que o eu se mantenha minimamente edificado e operante.

A noção "eu em ruína" implica falha na constituição psíquica que compromete a coluna de sustentação do eu, a qual estruturalmente se edificaria em torno de sólido narcisismo, e fundamentalmente, se refletiria em amor a si, integração, vitalidade e força egoica. Por outro lado, a noção de "eu em ruína" compreende ainda uma regressão que atinge amplamente as funções egoicas previamente operantes, promovendo distanciamento da realidade psíquica, afastamento das relações com o mundo externo e da interação com a realidade. Em função do primitivo funcionamento das organizações psíquicas em que esse quadro clínico se manifesta, as relações com objetos internos e externos encontram-se fundamentalmente impregnadas de onipotência e defensivamente distorcidas por identificação projetiva (Marracini, 2010a).

Nos casos clínicos identificados como "eu em ruína", há sempre o registro de perda(s) significativa(s) que foi(ram) vivida(s), porém não elaborada(s) e integrada(s) no psiquismo. No meu entender, é fundamental considerar que o que leva o eu a sucumbir em amplo e dramático colapso esteja aquém da vivência intolerável da perda de um ser amado, de seu amor, ou de algo que tenha ocupado esse lugar, como indicou Freud (1917[1915]) na melancolia. Assim, para aquém da identificação narcísica do sujeito com o objeto perdido e da projeção do ideal nesse objeto, ou seu representante, como apontado no texto freudiano, destaco como determinante essencial a anterioridade da angústia de perda do objeto interno idealizado, como indicou Klein (1946). Esta angústia foi absolutamente desestruturante para um psiquismo de funcionamento primitivo que sequer chegou a consumar, de maneira efetiva, a separação originária entre sujeito e objeto, nem a identificação com o bom objeto dentro do ego, o que comprometeu a constituição de um eu solidamente discriminado, integrado e unificado.

Pela dinâmica projetiva e introjetiva essencialmente vigente nos estágios primitivos da constituição subjetiva, em muitos casos pode ocorrer a fixação do objeto externo como prolongamento do eu e representante do objeto interno ideal. Com base nisso, ele se torna absolutamente necessário para que o sujeito se mantenha minimamente edificado. É deste modo, pela presença do objeto externo ou do que possa ter sido investido com este significado, que o sujeito sustenta a crença de que o objeto interno ideal não foi perdido desde os primórdios de sua estruturação psíquica. Assim, o sujeito pode permanecer em intensa união narcísica com o objeto e sustentá-la ao longo da vida, o que faz com que vivencie a impossibilidade de existir por si, uma vez que não se consumou o luto arcaico pela separação e ausência do objeto primário, processo crucial para a constituição subjetiva e do objeto como tal.

A primitiva vivência de separação do objeto primário pode ter produzido não o necessário destacamento, fortalecedor de identidades distintas, mas, em seu lugar, a fixação de um vazio interior que impede o processamento deste luto arcaico, essencial para uma sólida constituição subjetiva. Essa é a condição dos casos clínicos em que a ocorrência posterior de uma perda objetal é vivida como perda narcísica insuperável e, assim, ameaça a sobrevivência do eu e o mergulha em intensa perda de si. Valendo-me do que apontou Peres (1996) ao referir-se aos sujeitos melancólicos, confere-se uma fixação subjetiva em um destino de perdedor e numa ânsia de amor inesgotável que, como salientei, pode emergir deflagrada e concretamente a partir de perda(s) significativa(s) vivida(s) na vida ulterior.

Na ambivalência de sentimentos que toma conta do sujeito que é atingido pela perda, o ódio nutrido pelo objeto amado e primitivamente idealizado fica impedido de ser a ele dirigido e, assim, reverte-se em vingança encarnada no próprio eu. Nos casos de "eu em ruína", isso conduz à ampla corrosão e desmontagem do que havia sido erigido no âmago da subjetividade, além de materializar-se em suas relações objetais, sob o domínio prevalente da pulsão de morte. Espécie de Midas ao revés, tudo o que toca transforma em fracasso, nada sendo suficiente para sustentar o sujeito e impedir sua derrota. Podem ocorrer autoacusações e recriminações superegoicas de caráter primitivo, sádicas e cruéis, como podem surgir também acusações ressentidas ao que cerca o sujeito, com negação da realidade psíquica e ausência de culpa. O emprego maciço da identificação projetiva pode incrementar fantasias persecutórias em relação a outros, o que ajuda a manter a fantasia de identificação do sujeito ao ideal e fixa-o em posição de vítima injustiçada.

A perda da ilusão de união narcísica sujeito-objeto é base para a constituição psíquica de fronteiras internas e externas solidamente estabelecidas e flexíveis, como para a estruturação de um narcisismo que alimente o amor a si e que trabalhe para a preservação do eu. Caso contrário, o narcisismo destrutivo pode predominar com seu caráter ativo e sob a primazia da pulsão de morte, o que conduz à poderosa e incontida manifestação de impulsos autodestrutivos no sujeito (Rosenfeld, 1988).

O amor a si mesmo é fruto da edificação de um narcisismo bem constituído, como, segundo Green (1988), deve contar com a realização de Eros de unificação das pulsões parciais, anterior ao eu ter concebido a si mesmo como inteiro, delimitado e separado. Pois, se assim não se der, o amor a si mesmo não consegue se estabelecer como compensação pela perda do amor fusional com o objeto na estruturação primitiva. Dessa maneira, destaco que o equilíbrio entre o amor a si e o amor pelo outro como objeto real torna-se bastante prejudicado, assim como o contato com a realidade externa propriamente dita.

De acordo com Freud (1917[1915]), o "trabalho de luto" é alavancado pelo próprio narcisismo, o que promove o desapego ao objeto que foi perdido, seu desinvestimento e consequente liberação para o reinvestimento libidinal em um novo objeto. No entanto, quando a destacabilidade do objeto é impossível, confere-se a não efetivação prévia do "trabalho da melancolia", que tem a função essencial de promover o destacamento das representações de sujeito e objeto. Quando estas permanecem coladas, emerge a predisposição à melancolia, como especificou Rosenberg (2003). O sujeito reage à raiva do objeto com um novo investimento narcísico, que se dá pela regressão à identificação narcísica e por uma fixação ainda mais estreita ao objeto. Além disso, utiliza a raiva para destruir a si mesmo, em vez de vivenciar a culpa pelas fantasias de ataque ao objeto. No meu entender, em repetidas tentativas frustradas de completar o fundamental "trabalho da melancolia", nos casos de "eu em ruína" vão sendo comprometidas e inviabilizadas múltiplas áreas do viver, pelo excesso de idealização e pela destrutividade que se encontram em jogo.

A relação analítica

Ao considerar-se o atendimento psicanalítico a quadros clínicos de "eu em ruína", não se pode perder de vista tratar-se de pacientes em profundo desamparo e desapropriação subjetiva. Vivem em completa alienação ao objeto perdido, ou hipotecados à perda de algo ou de alguma condição que sofrera a projeção do ideal, reflexo de seu próprio narcisismo. Em geral, a busca por tratamento é o último recurso do qual lançam mão, nem sempre depositando muita esperança, mas, com frequência, vindo em busca de uma solução mágico-onipotente para o estado depressivo-melancólico em que se encontram. Na maior parte dos casos, está presente sofrimento que enfrentam de longa data, desde a vivência traumática de perda não processada que, em última instância, terminou por desvelar falhas constitutivas nunca suplantadas desde a relação primitiva com o objeto original.

O psicanalista empreenderá a tentativa de reanimação psíquica desses pacientes, procurando ajudá-los a enfrentar o colapso subjetivo que se assentou pelo fracasso do ideal de si e/ou pela perda do objeto depositário desse ideal. O analista terá como objetivo auxiliar o paciente a alcançar o valor simbólico da intolerável perda para seu psiquismo de funcionamento primitivo, uma organização narcísica sem sustentação própria e que demanda a integração dos aspectos parciais que o compõem. Tal condição, além de resultar em traços psicopatológicos variados – e por vezes contrastantes –, revela o débil estabelecimento de fronteiras internas e externas, necessárias para um funcionamento mais integrado entre instâncias psíquicas e para uma relação com a realidade externa mais permeável e resistente.

No curso do tratamento, o psicanalista, como porta-marcas que é, como indicou Berlinck (2003), sofrerá efeitos da devastadora ruína encarnada em que se tornaram esses pacientes, podendo vir a ser substancialmente afetado pelo sofrimento que enfrentam, o qual, muitas vezes, poderá invadi-lo sob a forma de identificações projetivas maciças. Há uma evacuação inconsciente do que é vivenciado como intolerável no mundo interno do paciente, trazendo em seu bojo o sério risco de o psicanalista se identificar introjetivamente com o conteúdo *páthico* projetado, mergulhando na fusão com o paciente. O analista torna-se tão contaminado e impotente quanto este, e pode sucumbir aos efeitos de resistências ao tratamento, que abrupta ou insidiosamente podem comprometer a função analítica e seu pleno exercício.

Verifica-se nos casos de "eu em ruína" o que Green (2002) indicou como a tenaz persistência das fixações aos objetos incestuosos, sendo impossível a separação e a efetivação do luto. O contraponto entre a idealização e o repúdio aos objetos denuncia o sofrido impasse subjetivo em que vivem esses pacientes, desde sempre numa relação intensamente conflituosa com as figuras e imagos parentais, o que promove repetições em suas ulteriores relações objetais.

Como não poderia deixar de ser, a idealização e o repúdio emergem também na relação transferencial, produzindo efeitos a serem devidamente processados pelo psicanalista, uma vez que é aquele que deve acolher o sofrimento intolerável do paciente com a *rêverie* materna, peculiar à sua função analítica. Isso possibilita processar dentro de seu próprio psiquismo o que foi projetado pelo paciente e, a este conteúdo, dar significado. Viabiliza-se, então, que o que foi projetado possa ser reintrojetado pelo paciente e promover o desenvolvimento da capacidade para refletir sobre seus próprios estados de mente, como concebeu Bion (Hinshelwood, 1992).

Por vezes, o psicanalista poderá ser enaltecido e alimentado em seu próprio narcisismo, o que representa o sério risco de tornar-se sedutoramente enredado e emaranhar-se nesta trama fusional inconsciente promovida pelo paciente e suas identificações projetivas, especialmente intensas em quadros de "eu em ruína". Em outros momentos, no entanto, o psicanalista poderá, direta ou indiretamente, ser atacado, desprezado, despojado de sua função e, em situação extrema, vir a ser descartado com a ruptura do tratamento. O que poderá produzir-lhe sentimentos negativos de impotência, insuficiência, menos-valia e fracasso difíceis de ter sua origem devidamente identificada e discriminada. É importante destacar que provavelmente, em boa parte, estes sentimentos constituem reflexos derivados da ejeção e projeção de conteúdos rejeitados no mundo interno do paciente, que inconscientemente deles se descarta pela liminar evacuação no interior do psicanalista.

A demanda narcísica de amor e a fantasia onipotente de união com o objeto podem gerar uma relação transferencial absorvente e invasiva, com estreita tolerância à diferença da relação assimétrica entre psicanalista e paciente, aos limites do *setting* e demais características do tratamento psicanalítico. Nesta direção, nesses pacientes que engendram uma transferência narcisista, confere-se o que Freud (1915[1914]) apontou como a busca muito mais da "cura pelo amor" do que da "cura pela análise". Reforça-se, portanto, a importância de que o psicanalista, a partir de uma posição de estrangeiro em relação às angústias vivenciadas pelo paciente, possa ultrapassar os efeitos traumáticos que alguns desses pacientes podem gerar e, assim, efetivamente possa se dar o essencial trabalho na transferência, como apontou Fédida (1988).

A relação analítica tem a função de fundar a relação de ausência, como um terceiro simbólico, destacou Fédida (1999). Essa relação de ausência é desconhecida no psiquismo dos sujeitos que incorrem em "eu em ruína", tendo surgido um vazio em seu lugar, condição que os impede de ascender à posição depressiva. Mais especificamente, confere-se com Klein (1935), que na passagem da posição esquizoparanoide para a posição depressiva, reside o emergir de uma melancolia *in statu nascendi* que é estruturante para o psiquismo primitivo. Para que o objeto seja distintamente concebido como alteridade, torna-se imprescindível a superação desta melancolia constitutiva ao longo da posição depressiva. Tal processo é determinante para a efetiva elaboração das perdas ulteriores pois, a cada vez que perda(s) se der(em), será revivido o luto arcaico com suas implicações e dificuldades, o que pode impedir de se dar o necessário luto, e poderá deter o sujeito na impossibilidade da finalização desse processo (Klein, 1940).

Por intermédio da escuta psicanalítica, da própria elaboração psíquica e do trabalho na transferência/contratransferência, o psicanalista deverá abrir caminho, pela via interpretativa, para o engendramento de sua função terapêutica, norteada pelo necessário "*holding*" ao paciente em sofrimento e metabolização dos afetos em curso. Assumindo seu papel na construção em análise, poderá auxiliar o paciente na busca da superação da relação de natureza narcísica que mantém com os objetos internos e externos. O que, em última instância, representará avanço essencial no processo subjetivo de separação do objeto e luto pela perda narcísica que o invade.

Considerações finais

Entre os casos de "eu em ruína" que se apresentam na clínica psicanalítica, são vários os pontos de contato e equivalência, alguns deles ilustrados pelos pacientes apresentados no início deste trabalho. A demanda de amor narcísico na transferência em geral é intensa e flagrante; por vezes o paciente, fantasiosa e regressivamente, procura entregar-se aos cuidados integrais do psicanalista. Era este marcadamente o caso da paciente Marisa, que vivenciava concretamente sua incapacidade de se cuidar e proteger, além de encontrar-se impossibilitada de reparar os danos que causava a si e àqueles a quem amava.

Pela dificuldade de implicação pessoal e reconhecimento do estado patológico que os assola, como se revelava em Mauro, há pacientes que não conseguem se engajar e comprometer-se diretamente com um sério tratamento psicanalítico. Suas resistências inviabilizam o emergir da confiabilidade no potencial transformador que o tratamento possui. Alguns desses pacientes chegam a iniciar o atendimento, mas nem sempre conseguem ultrapassar as resistências que os assolam, de modo a comprometer-se mais profunda e persistentemente com sua continuidade. Podem chegar à interrupção do tratamento de forma ressentida, atravessados pela frustração do ideal que fora projetado maciçamente na análise e na figura do psicanalista.

No entanto, para aqueles pacientes que conseguem manter o atendimento por um período razoável, são nítidos os avanços que podem ser obtidos pelo tratamento psicanalítico, tendo sido este o caso de Suely. Apesar de algumas interrupções por motivos objetivos, o tratamento de Marisa teve relativa duração, o que fez com que conseguisse retomar e avançar bastante no resgate de si, na estruturação de um mundo interno mais sólido e de relações objetais menos comprometidas, além de estabelecer uma relação com a realidade externa bem mais amadurecida.

Apesar de estar sempre em pauta a perda de um ideal de si, como no caso de Suely, ou do objeto que representava esse ideal, como nos casos clínicos de Marisa e Mauro, é possível verificar que subjetividades com traços psicopatológicos distintos podem confluir para a dramática produção de um quadro clínico de "eu em ruína". Em suma, um sujeito mergulhado na perda e no fracasso, vivendo na sombra de si. É importante lembrar que Green (2002) destacou que, nos casos de histeria que são mais próximos aos estados limites, o objeto permanece como insubstituível, indispensável para a sobrevivência do indivíduo, sendo o conflito entre as pulsões e o superego deslocado para as relações entre o eu e o objeto.

Como Suely apresentava uma configuração psicopatológica predominantemente histérica, buscava a retomada da embalagem subjetiva que fantasiosa e superficialmente revestia seu eu, a ponto de alimentar a fantasia onipotente de atingir o ideal de si para longe de suas verdadeiras origens familiares, e muito além de suas reais condições internas. Ela se ressentia por não mais conseguir produzir efeitos que imaginariamente poderiam encantar o outro, mas que, efetivamente, cumpriam a primordial função de mascarar sua realidade psíquica e distanciá-la desta. Sempre fora esta sua maneira de ludibriar a dolorosa falta e a fragilidade de sustentação pessoal que a habitavam, mas que, ao final, se denunciavam irremediavelmente.

Um quadro com oscilações maníaco-depressivas marcantes era o que caracterizava a paciente Marisa. Atravessada pelo desamparo e vivenciando a solidão desde sempre, idealizara tentativas que magicamente pudessem salvá-la do dolorido abismo do abuso e intolerável rejeição. Embora procurando atingir uma condição em que pudesse se sentir considerada como sujeito, a salvo de estar submetida aos imperativos do narcisismo e da perversão do outro, o que ela apenas conseguia era promover situações em sua vida em que se repetiam as mesmas condições das quais buscava se libertar. Um círculo de repetições nefastas que não conseguia impedir – apesar de ter alguma consciência sobre a implícita participação de impulsos autodestrutivos em algumas das ocorrências que a molestavam.

O funcionamento maníaco-depressivo de Mauro fazia com que recorresse compulsivamente ao abuso do álcool e drogas, além da ingestão desmedida de cigarros e alimentos. Procurava, deste modo, tamponar suas faltas e obturar dolorosas perdas vividas ao longo da vida, impregnado que se encontrava por fixações orais não superadas. Buscava esconder de si a própria realidade psíquica, além de esquivar-se das demandas da realidade externa, recorrendo a próteses narcísicas de efeito ilusório e alívio imediato, mas que o tornavam cada vez mais escravo, dependente do objeto real e de sua fugaz ação mágico-onipotente.

Finalizando, cabe reiterar que não são poucos os casos, na clínica ou fora dela, em que se desvelam e escancaram falhas constitutivas apenas após traumática(s) perda(s) objetal(ais) que desarticula(m) o frágil equilíbrio narcísico que se mantinha até então. Nestas circunstâncias, revela-se que a sustentação do eu se encontrava escorada pela presença próxima e idealizada do objeto externo, ou o que tivesse tomado este lugar privilegiado em sua fantasia. Em virtude do funcionamento primitivo desses pacientes, a não integração dos aspectos parciais que habitam seu mundo interno reflete-se, por vezes, em personalidade que compreende traços psicopatológicos marcantemente diversos e contrastantes. Desta forma, poderá se tornar especialmente complexo determinar-se a prevalência diagnóstica em alguns desses sujeitos.

De todo modo, por meio do trabalho na transferência/contratransferência, o psicanalista tem papel essencial, função primordial e posição privilegiada para empreender a reanimação psíquica desses pacientes que configuram um "eu em ruína". Eles precisam que o analista busque ajudá-los no enfrentamento do colapso subjetivo que desvelou suas falhas constitutivas e que os conduziu regressivamente à perda de si, levando-os a viver imersos na sombra do seu passado, na presença do reiterado fracasso e sem esperança em seu futuro.

Referências

Berlinck, M. T. (2003, 1º sem.). *Seminário inaugural do Laboratório de Psicopatologia Fundamental do Programa de Estudos Pós-Graduados em Psicologia Clínica da Pontifícia Universidade Católica de São Paulo*. São Paulo, SP.

Fédida, P. (1988). *Clínica psicanalítica – estudos*. São Paulo: Escuta.

Fédida, P. (1999). *Depressão*. São Paulo: Escuta.

Freud, S. (1915[1914]). Observações sobre o amor transferencial (Novas recomendações sobre a técnica da psicanálise III). In S. Freud, *Edição Standard Brasileira das Obras Psicológicas Completas de Sigmund Freud* (Vol. XII, pp. 207-223). Rio de Janeiro: Imago, 1969.

Freud, S. (1917[1915]). *Luto e melancolia*. In S. Freud, *Edição Standard Brasileira das Obras Psicológicas Completas de Sigmund Freud* (Vol. XIV, pp. 271-291). Rio de Janeiro: Imago, 1969.

Green, A. (1988). *Narcisismo de vida, narcisismo de morte*. São Paulo: Escuta.

Green, A. (2002). *La pensée clinique*. Paris: Odile Jacob.

Hinshelwood, R. D. (1992). *Dicionário do pensamento kleiniano*. Porto Alegre: Artes Médicas.

Klein, M. (1935). Uma contribuição à psicogênese dos estados maníaco-depressivos. In M. Klein, *Amor, culpa e reparação e outros trabalhos (1921-1945)* (pp. 301-329). Rio de Janeiro: Imago, 1996.

Klein, M. (1940). O luto e suas relações com os estados maníaco-depressivos. In M. Klein, *Amor, culpa e reparação e outros trabalhos (1921-1945)* (pp. 385-412). Rio de Janeiro: Imago, 1996.

Klein, M. (1946). Notas sobre alguns mecanismos esquizoides. In M. Klein, *Inveja e gratidão e outros trabalhos (1946-1963)* (pp. 17-43). Rio de Janeiro: Imago, 1991.

Marraccini, E. M. (2007). *O eu em ruína: um estudo sobre a perda*. Tese de doutorado, Pontifícia Universidade Católica, São Paulo.

Marraccini, E. M. (2010a). O eu em ruína: perda e colapso. In E. M. Marraccini (Org.), *O eu em ruína: perda e falência psíquica* (pp. 19-59). São Paulo: Primavera Editorial.

Marraccini, E. M. (2010b). *Sem o chão sob os pés*. Trabalho apresentado no IV Congresso Internacional de Psicopatologia Fundamental e no X Congresso Brasileiro de Psicopatologia Fundamental. Curitiba, PR.

Peres, U. T. (1996) Dúvida melancólica, dívida melancólica, vida melancólica. In U. T. Peres (Org.), *Melancolia* (pp. 11-71). São Paulo: Escuta.

Rosenberg, B. (2003). *Masoquismo mortífero e masoquismo guardião da vida*. São Paulo: Escuta.

Rosenfeld, H. (1988). *Impasse e interpretação*. Rio de Janeiro: Imago.

Os limites de Eros na melancolia e no luto

Elisa Maria de Ulhôa Cintra

Introdução

A subjetividade humana é um feixe de temporalidades distintas. A vida transcorre em transformação; decrescendo, o exterior desaparece para dar lugar a uma construção interior, a um feixe de memórias conscientes e inconscientes, próximas e distantes. A lousa mágica (Freud, 1925a), um brinquedo no qual é possível inscrever marcas, permite que estas sejam apagadas quando se levanta o filme de celuloide no qual foram registradas. A consciência pode ser comparada à folha de celuloide que se desembaraça do vivido para que as novas marcas possam se inscrever. Fazer o luto do corpo infantil e adolescente, dos primeiros amores, das casas e cidades onde vivemos, é um processo psíquico do qual depende a saúde física e psíquica. O que torna possível entrar em processo de luto e o que leva ao luto impossível da melancolia? O que leva o trabalho de Eros a desorganizar-se, deixando predominar a dinâmica desobjetalizante de Tânatos? São estas questões que me norteiam no imenso campo de ideias nascidas, nos últimos cem anos, das obras de Freud, Melanie Klein, Winnicott e muitos outros.

A proposta é escutar o que dizem estes autores sobre o luto e a melancolia, para reencontrar aí os cruzamentos fecundos, as raízes, os desdobramentos de uma obra sobre a outra. As autorrecriminações do melancólico precisam ser conhecidas por meio de relatos que deixem entrever a dor e a virulência de um imaginário destinado a purificar e a destruir por mecanismos de exclusão tudo aquilo que se tornou insuportável. O filme *Shutter Island*,[1] de Scorsese, servirá como exemplo deste desfecho trágico, quando é impossível processar os acontecimentos terríveis de uma vida. Na melancolia, quando a razão se torna delirante, a ordem peremptória do superego selvagem é: purificar e destruir. Purificar a atribuição de qualidade negativa, separando-a completamente da qualidade positiva, dividir o eu entre um juiz que crê tudo saber e alguém esmagado sob o peso de um julgamento severo. Depois é só tratar-se a si mesmo como objeto de recriminações até se tornar o mais abjeto ser do mundo. Vimos um processo comparável, pelo nível de violência dirigida ao outro, em todas as formas de fundamentalismo dos séculos XX e XXI, com os genocídios que disso se originaram. O desejo de elucidar alguns mecanismos responsáveis pela violência da guerra de extermínio total[2] me levou à releitura do texto "Luto e melancolia" (Freud, 1917) e a algumas reflexões sobre a loucura melancólica.

1 *Shutter Island*, de Martin Scorsese (2009), foi lançado no Brasil com o nome de *Ilha do Medo*.

2 Guerra de extermínio total é o nome que se dá às guerras em que não se diferenciam militares e civis, mas a violência se dirige a toda uma população, indiscriminadamente.

Dados históricos

Durante alguns anos, pelo menos entre 1911 e 1921, o tema da melancolia foi recorrente nas cartas e reuniões dos psicanalistas. "Luto e melancolia" começou a ser escrito em 1914 (ano em que teve início a Primeira Guerra Mundial, surpreendente pela violência dirigida contra todos os inimigos, fossem eles militares ou civis) e acabou sendo publicado apenas em 1917. Isso indica uma longa gestação do texto com discussões entre os pares. Neste momento de sua obra, Freud leva o leitor desde os enigmas da sexualidade infantil em direção ao funcionamento do eu. Abraham dá a sua contribuição significativa ao ligar a melancolia com as fases oral-sádica e sádico-anal. De início, Freud resistia a admitir tanta ênfase sobre o sadismo, mas acaba concordando com Abraham. Justamente em 1914, acrescenta uma nota aos "Três ensaios" (Freud, 1905), incluindo a etapa sádico-oral ao lado da "sucção primordialmente libidinal" (p. 180).

Na fase oral-sádica, a forma de se apropriar do objeto de amor faz praticamente desaparecer a sua face "objetal", ficando apenas a sua face narcísica, isto é, de que maneira o objeto pode estar a serviço do eu, se o eu quer devorá-lo, caso seja amável, se o vai expelir, caso seja detestável. O objeto ficará a serviço do eu, para ser consumido ou expelido; ele será um objeto oral e anal, ao mesmo tempo. Delicioso ou detestável, retido ou expelido: será tão intenso e tão frágil este vínculo! Intenso, pela idealização (e des-idealização) que comporta, pela "invenção" do outro de acordo com um roteiro narcísico, e por que atrai toda a libido para devorar, expulsar ou confundir-se plenamente com a outra pessoa ou ideal. E frágil, pois basta que o objeto se diferencie um pouco do roteiro imaginário para ele designado para que tudo se quebre em mil pedaços: surge então nas bordas desta ruína uma grande intensidade de ódio, decepção, ressentimento e rancor.

A referência de Freud à escolha de objeto com base narcísica (processo há pouco descrito) será evidência de que ele está ainda às voltas com a questão do narcisismo e dos ideais do eu recém-trabalhados em "Introdução ao narcisismo" (Freud, 1914) e também antecipa o tema predominante em "A negação" (Freud, 1925b).

Porém, antes até da insistência de Abraham na força do sadismo para elucidar a melancolia, Freud já tinha revelado a sua intuição de que o ódio tem participação importante neste quadro:

> *Os impulsos hostis contra os pais (o desejo de que morram) são também parte integrante das neuroses. Vêm à luz conscientemente como ideias obsessivas. Na paranoia, o que há de pior nos delírios de perseguição (desconfiança patológica de governantes e de monarcas) corresponde a estes impulsos. Tais desejos são reprimidos quando a compaixão pelos pais é ativa – nas ocasiões de sua doença ou morte. Em tais ocasiões, passa a ser uma manifestação de luto recriminar-se a si próprio pela morte deles (o que se conhece como melancolia) ou punir-se a si mesmo de uma maneira histérica (por intermédio da ideia de retorno sobre si mesmo) com os mesmos estados (de doença) que tenham tido. (Freud, 1897, p. 296)*

Freud sempre cria uma série complementar entre a face saudável e a face patológica de um processo psíquico: a melancolia seria a forma patológica do luto e, em outro registro, o recolhimento sobre si dos investimentos de libido que acontece no narcisismo, seria a "versão" doentia do processo do sonho quando a libido se volta para os traços mnêmicos e o registro do "infantil". Neste artigo, à medida que os estados de luto e de melancolia vão sendo descritos, o leitor estará sempre ouvindo a pergunta: *o que torna o luto possível (saúde) e o que faz da melancolia um luto impossível (patologia)?* Depois de Freud, quase cem anos de escritos buscaram responder a mesma questão. Há teorias como as de Melanie Klein e Winnicott que se construíram em torno deste núcleo e milhares de escritos como os de Nicolas Abram e Maria Torok, Pierre Fedida e tantos outros que se colocaram, cada um à sua maneira, diante do enigma do luto.

Características da melancolia e do luto em Freud

De início, Freud nos dá precisa descrição da melancolia: desânimo profundo, suspensão do interesse pelo mundo externo, perda da capacidade de amar, inibição de toda atividade, diminuição do sentimento de autoestima. Ora, tudo isso, diz ele, encontra-se também no luto, com exceção da perda do autoamor.

O luto será pensado em termos de movimento e passagem; na melancolia dá-se um impasse, algo para: o objeto se foi e o eu se condena a não poder mais *ser*, a não poder fazer mais nada. A sombra do objeto cai sobre o eu e ele se vê imobilizado. Ao ver-se assim julgado e condenado, o eu patina em uma inércia longa, desesperadora. O sentimento de inferioridade esmaga o desejo de ir em frente. A sensação de não poder ser cria um enclave no eu: já não é mais possível amar nem trabalhar, e os traços do luto – desânimo, perda de interesse pelo mundo e perda da capacidade de amar – tornam-se longos, intermináveis.

Do lado do luto surge a ideia de um trabalho de elaboração – *working through* –; é um outro tipo de "atravessamento": exige caminhar pelas veredas de uma história para deixar passar o passado e abrir o futuro. Ninguém conduz este processo, mas se é por ele conduzido; será preciso narrar a própria vida para si e para um outro que o escute com atenção; uma vida que não é narrada, não existe.

A ideia de trabalho remete a processo, movimento, entrada na dinâmica temporal, transformação do vivido. Aceitar a perda, a mudança, a facticidade do destino. Os antigos falavam em *Amor fati*, que exige conviver com a realidade da morte, da separação, da perda e da falta.

Muito cedo os leitores de Freud, como Abraham, Ferenczi, Jones, Melanie Klein, Winnicott e muitos outros, irão dar-se conta de que o aparelho psíquico existe, antes de mais nada, para metabolizar o vivido, para deixá-lo passar, para *esquecer*, condição *sine qua non* de que se possa mais tarde *lembrar*. Deixar passar o passado e poder sonhar, eis dois critérios freudianos de saúde mental. Sonhar o passado, torná-lo vivo, presente e futuro; não é este o trabalho que analista e paciente realizam juntos?

Penso a subjetividade como um feixe de temporalidades heterogêneas que se constituem e se opõem umas às outras criando conflito, síntese, contradição e paradoxo. Entre os impasses criados pela experiência é preciso encontrar cruzamentos, atalhos, passagens; se não, fica-se preso no enclave melancólico.

Pontalis (1988) revela o íntimo entrelaçamento entre sonhar e realizar um luto: a necessidade de sonhar a perda e a morte. Ao desaparecer a outra pessoa, nos sentimos incapazes de continuar amando e o fluxo de nosso amor ameaça tornar-se ódio e ressentimento. Isso porque, no plano do *infantil,* a ausência do outro se transforma em abandono, em uma rejeição diante da qual reagimos... odiando. Mas se podemos torná-lo de novo presente no sonho.

> *Será que o mais insuportável na perda seria o perder de vista? Será que isto significa a retirada absoluta do amor da outra pessoa e em nós, a inquietação de uma fragilidade essencial: a de não ser capaz de amar o invisível? Primeiro seria preciso ver. Não apenas ver, mas ver primeiro, e poder sempre acalmar em nós a angústia suscitada pela ausência, garantindo que o objeto amado esteja inteiramente ao alcance do nosso olhar e que nos reflita em nossa identidade. Qual é a razão de sonharmos, afinal, a não ser a cada noite vermos o que desapareceu (os mundos, os lugares, as pessoas, os rostos), para confirmar sua permanência e para tentar unir o efêmero ao eterno? (Pontalis, 1988, p. 205)*

No luto é possível, em certo sentido, superar a perda e, *depois* de um tempo, interessar-se de novo por pessoas e lugares, novos rostos; acontece um renascimento dos investimentos de objeto, da libido que se dirige ao mundo.

Na melancolia há perda de autorrespeito, desautorização de si e do outro, o ego fica pobre e vazio. Freud menciona o príncipe Hamlet, e somos convidados a ler a tragédia de Shakespeare pensando na dinâmica da melancolia. (Kristeva, 1989; Cintra, 2001b). O acontecimento do abandono é insuportável, mas mesmo assim fica sendo reeditado, sem parar; é uma compulsão à repetição. O eu identifica-se com o objeto abandonador e o instala dentro de si como instância crítica, ou superego. Ocorre uma bipartição no eu: de um lado, a identificação com o abandonador parece dizer "fui embora porque você não tem valor". E esta crítica severa é dirigida à outra metade do eu, que se sente abandonada, reduzida à condição de ter sido rejeitada.

O gesto de abandonar não é apenas ir embora, desaparecer, mas pode, no cotidiano, desdobrar-se em muitos outros gestos crônicos: desaprovar, retirar o valor, desprezar, desautorizar. O abandono expressa mais a retirada do amor e da aprovação moral do que uma simples separação corporal; estamos no campo dos juízos de valor, dos ideais, das crenças, da perda do amor do supe-rego, da perda do amor, *tout court.*

Duas pessoas podem viver juntas e jogar a sombra do abandono uma sobre a outra o tempo todo, situação que leva ao adoecimento das duas. Freud nos ensina a ver que a questão principal não é a morte ou a separação dos corpos, mas a situação de ódio, de revolta, de recriminação que surge quando o amor vai-se embora. O acontecimento do abandono ocupa então a cena psíquica, como uma ferida aberta, que atrai toda a libido para si, levando ao desânimo, à suspensão do interesse pelo mundo externo, à inibição de toda atividade e à perda da capacidade de amar. O amor vira ódio de ter sido abandonado e desejo de abandonar e o objeto vira, ao mesmo tempo, eu ideal/sádico e eu denegrido/masoquista. O dinamismo que predomina é o da etapa sádico-oral e sádico-anal, e o eu passa a ser tratado como um objeto oral a ser devorado e cuspido e um objeto fecal que se retém e se expulsa sem nenhuma consideração. O eu-objeto torna-se eu abjeto.

Abaixo algumas linhas do primeiro solilóquio de Hamlet, no qual antes de se recriminar, ele deprecia a natureza, a mãe, a condição humana submetida às ervas daninhas que não foram dela retiradas e aparece então o desejo de "fazer chacina de si mesmo":

> *Oh, e pensar que esta carne tão, tão manchada, possa se derreter, se desmanchar e se dissolver em umidade. Ou se o Todo-Poderoso não houvesse fixado sua lei contra a chacina de si mesmo. Ó Deus, Deus. Quão*

> *cansativos, velhos, superficiais e não proveitosos parecem-me todos os objetivos deste mundo. Vergonha, ó vergonha: esta carne é um jardim de onde não foram retiradas as ervas daninhas que crescem para frutificar. As coisas são indecentes e aviltantes na natureza, até possuí-la por inteiro. Que tenha podido chegar a isto. (Shakespeare,1601, p. 539)*

Sentimento de culpa avassalador: superego arcaico e Shutter Island, *um filme do ponto de vista da loucura*

O sofrimento da melancolia ainda não foi suficientemente avaliado. O relato de alguns casos clínicos, alguns filmes e livros podem nos aproximar da violência desta dor que leva ao suicídio ou à morte psíquica. Há uma sucessiva transformação do amor em ódio e em desejo de matar e de morrer, e deste ódio assassino e suicida, mergulha-se no mais devastador sentimento de culpa. É o sentimento de culpa escuro e perseguidor das Erínias, que morde e que dilacera. Uma culpa que não sabe chorar e pedir perdão, que não sabe abraçar e fazer reparações.

Quem quiser entender a violência de um sentimento de culpa insuportável, que leva à loucura e exige sair da realidade para se fechar em uma ilha própria, deve assistir ao filme *Shutter Island,* de Scorsese. A ilha da loucura é a mais fechada das ilhas (*shutter than shut)* da qual não se consegue sair, como um círculo que se fecha sobre si mesmo, e ao fechar-se protege contra uma realidade ainda mais impensável, contra uma dor inominável.

Freud chamava de *neorrealidade* a esta ilha onde se isola o psicótico, perdendo o contato com a realidade partilhada com os outros. A loucura do personagem principal de *Shutter Island* tem elementos de melancolia e outros de paranoia: Daniels, o personagem principal vive apavorado e desconfiado de todos. As alucinações revelam a mais pura violência de seu imaginário, em uma repetição que circula entre as cenas de guerra e as aparições, em sonhos e alucinações, da mulher e da filha mortas. Para se defender de tanta dor ele constrói um delírio que já é um esforço de dar ordem ao caos, mas que o deixa preso no sistema fechado.

No filme, a ilha escarpada e isolada no meio do oceano, e a força do vento e da tempestade, que fazem cair troncos de árvore para todo lado, servem de metáfora para a violência do mundo interno da loucura. "Deus ama a violência" diz um dos personagens, um militar que encarna em si o que há de mais detestável em uma figura de autoridade. Veremos adiante como o cineasta usa todos os recursos da natureza enfurecida e do sadismo real ou imaginado de médicos e militares para dar figuração a este labirinto escuro e solitário da doença mental. Vejamos, antes do filme, como se apresenta, para Freud, a ilha fechada da melancolia.

No texto "Luto e melancolia", Freud começa a *preocupar-se com o eu*, com a clivagem do eu, com o eu dividido entre uma voz opressora e uma voz oprimida, elementos que estão na origem da ideia de um *superego arcaico, cruel*. O eu começa a aparecer como um teatro, ele passa a pensar nos teatros do eu. A ideia de cena, que surgiu com a análise dos sonhos e com a ideia de fantasia, enche-se agora de personagens, de vozes. Quais são os personagens, as identificações que virão a formar as cenas? Com quantas identificações se faz um eu? Quais são as vozes, as presenças e as ausências que irão formar o eu? O eu começa a ser pensado como uma polifonia, um conjunto de solos, duetos, trios e silêncios. É fácil discernir aqui a origem das teorias de relações de objeto, pois estas vozes criam entre si os mais diversos dinamismos de união, de oposição, de guerra e de paz. Serão os futuros objetos internos. De que são feitas estas vozes?

A instância crítica ou superego, por exemplo, será a mistura de diferentes amores e ódios transformados em identificações. Será uma combinação de acontecimentos externos com diferentes interpretações e editados por um eu que suporta mais ou menos dor, trauma, frustração e abandono. O amor por um objeto muito idealizado converte-se, depois do abandono, em uma série de identificações puras, formando uma instância crítica severa que condena e ataca um eu frágil demais para suportar o abandono ou uma situação traumática. O cenário está armado para o surgimento da melancolia, que será mais tarde considerada o exemplo de uma cultura pura de pulsão de morte. Forma-se um enclave: de um lado o amor pelo objeto não pode ser abandonado, mas é um amor ambivalente, puro amor, puro ódio. Aquilo que é puro não se mistura, a ambivalência não chega a uma fusão, mas desliza para um ódio extremo, sob o impacto da dor, da decepção e do abandono, e logo em seguida, surge um sentimento de culpa insuportável.

Em *Shutter Island*, acontece a oscilação entre o desejo e o medo de vingar-se, a culpa por não ter protegido os filhos da loucura da mãe e uma angústia muito grande: ele teme não ser capaz de viver com a realidade de tantas mortes. A realidade psíquica recente torna-se cada vez mais brutal, por um efeito de soma e multiplicação com as feridas do passado e, com isso, o luto se torna impossível. "É possível viver sendo um monstro?", pergunta Daniels-Andrew antes de optar pela lobotomia, no fim da história.

O filme baseou-se no romance de Dennis Lehane, *Paciente 67*, agora reeditado com o título do filme. Scorsese sempre se interessou pelo tema da insanidade como em *Taxi Driver*, *Touro*

Indomável, *Cabo do Medo*. Outros filmes onde aparece o tema da insanidade são *O Rei da Comédia*, *Depois de Horas*, *Os Bons Companheiros* e *Cassino*.

O protagonista chega à ilha como agente da polícia federal para investigar a fuga de perigosa assassina que se encontra internada no manicômio judiciário da ilha, cercada por escarpas, *shutter than shut*; a única saída é a balsa que vem do continente. Daniels tem a seu lado outro policial, Chuck, que vai ajudá-lo nas investigações. Desde as primeiras imagens do filme entramos na região nebulosa entre a loucura e a sanidade. O lugar é sinistro, o dia é nublado, e a embarcação onde viajam emerge aos poucos da tela completamente branca. Daniels, conhecido como um homem corajoso e violento está passando mal com a visão da água do mar. Sua força desaparece frente ao poder mortífero da água que em outras épocas já dissolveu e destruiu sua vida.

Os quatro elementos, terra, fogo, água e ar, serão importantes para narrar a história. Um clima de filme de terror e suspense reúne incêndios, afogamentos, pesadelos induzidos por goteiras, corredores sombrios e fósforos riscados para pôr fogo ou acender cigarros que ele teme serem portadores de substâncias alucinógenas. Daniels está perseguido e torna-se perseguidor de todos, é um poço de ansiedade persecutória. O clima *noir* criado pelo cineasta é um pouco caricato, talvez uma forma de falar da alteração da percepção (formas, tempo, memórias) que acontece na loucura, acrescida de uma sensação de suspense e ameaça criada pela música de um filme de terror. Suspensos entre o que alucinam, deliram, veem e tocam, Daniels e o espectador entram em uma estranha neorrealidade. Ninguém pode ajudá-los. Em quem confiar? Nos seus olhos? Nas palavras alheias? O cineasta joga com o excessivamente escuro e o excessivamente claro, até o ponto de cegar-nos para a diferença entre imaginado e percebido.

Cedo nos perguntamos se Daniels chega a esta ilha em missão oficial ou se está movido pelo desejo de vingança. Ou ainda, pela culpa e pelo remorso? O espectador vai sendo transportado para o limiar entre ódio e amor, culpa e vingança, loucura e sanidade. Quando acaba o filme não sabe muito bem se está delirando ou alucinando. O diretor bem sabe dizer com quantos labirintos se pode desmanchar um eu. E nos faz andar ali, em meio às ruínas, em meio aos pedaços de humanidade ferida e morta em cima da neve, morrendo de medo de enlouquecer também. Assistir ao filme é ficar em contato com esta vertigem da loucura; sentimos vacilar todas as referências de realidade.

Ao final do filme, quando estão sendo apresentados os créditos, ouve-se a voz de uma negra soando do fundo de sua alma visceral: "*What if* my life is only dust?", *e se* minha vida for apenas pó, miragem, sonho, alucinação? Ou: "What good is love if no one shares it?", de que vale o amor se ninguém pode fazer dele partilha? A canção se chama "This Bitter Earth",[3] e não podia haver maior achado para encerrar o filme, com esta voz assim ferida, capaz de rasgar por dentro quem a escuta.

A pergunta "E se a minha vida for apenas pó?" faz lembrar uma das cenas do filme em que Daniels abraça a mulher: é tudo um sonho, ela está morta, mas é tão real a sua alucinação. Ele a quer de volta, quer abraçá-la, está certo de que, embora morta em um incêndio, ele pode abraçá-la agora com paixão e saudade. Mas não. Quando ela se vira, suas costas estão em brasa, é feita de água e sangue jorrando entre os seus dedos. Ao tocá-la mais forte ela se

3 A gravação original de Dinah Washington de "This Bitter Earth" pode ser escutada no link: http://www.youtube.com/watch?v=f9zAUZfDV-w. A versão original da Dinah é super *blue*, bem *soul*, aquele lamento negro belíssimo. E neste outro link você tem a música de Max Richter, chamada "On the Nature of Day Light", que foi misturada à voz de Dinah: http://www.youtube.com/watch?v=8rluU6BGpKw.

desmancha em nada, um puro corpo de cinzas. "This Bitter Earth". As palavras da canção continuam soando. Você entende então que suas memórias de guerra narram que ele foi obrigado a matar, a matar muito. Matou para sobreviver e sobreviveu, mas seu eu partiu-se de alto a baixo entre o horror e a necessidade. De um lado os seus valores, a sua compaixão e o seu desejo de viver e ser feliz; do outro lado a necessidade de sobreviver e o horror.

Depois da guerra, a negação da loucura de Dolores e a culpa de não ter protegido os filhos dilaceram ainda mais o eu. E se minha vida for apenas pó? Pó e cinzas, uma terra amarga. A alucinação é a sua própria vida: tornada pó e cinzas em torno de um corpo que já não está mais lá.

E, no entanto, a sua fixação nesta mulher não pode ser abandonada. Será preciso deixá-la ir-se embora, deixar passar o passado; várias vozes em sua alucinação imploram que ele se desprenda de Dolores. Esta é a condição para que possa sair do sistema fechado onde se encarcerou. Ela mesma aparece em sonhos e visões e pede que a deixe ir embora, ela implora. Mas seu estranho amor que não pode ser abandonado, transforma-se em ódio homicida, ao ver os filhos assassinados, e ao matá-la, converte-se em um sentimento de culpa que não o deixa mais. Ele se sente responsável pela morte dos filhos, por não ter dado crédito à loucura de Dolores, e quando sai, por alguns instantes, do surto psicótico, recupera o sentimento de ser Andrews, o pai que não estava lá.

Pouco a pouco entramos na dor inominável do personagem principal, em sua culpa avassaladora. São imagens terríveis e belíssimas que nos fazem caminhar com ele em sua alucinação, em suas visões e em seus pesadelos. As memórias da guerra se juntam às memórias da tragédia familiar, um dos traumas amplia e ressignifica o outro: a filha de sete anos encontra-se lá entre os mortos da guerra, com os olhos abertos, perguntando por que ele não estava lá, na casa do lago, para protegê-la, a ela e aos irmãos, da loucura da mãe.

Suas "visões" testemunham para nós a dimensão inassimilável da dor e da culpa; são verdadeiros pesadelos. O ódio, a culpa e o amor que ele não pode transformar nem deixar passar, e a tragicidade dos crimes, tudo contribui para a impossibilidade de se desligar dos investimentos passados e investir presente e futuro. É preciso criar uma *neorrealidade*, um universo somente seu, para protegê-lo de fatos terríveis demais para se conviver com eles. Neste mundo inventado, torna-se um policial que vai capturar os culpados e fazer justiça, mas suas visões não conseguem evitar o encontro com a violência e a morte; e ao contrário, acabam repetindo a cena sadomasoquista, de maneira compulsiva. Não há lugar onde se possa viver, nem na ilha do delírio, nem lá fora, em lugar nenhum.

O seu delírio torna-o responsável por todas as mortes da Segunda Guerra Mundial; ele se vê fuzilando todos os guardas de um campo de concentração e já não sabemos se isso é uma memória de guerra ou é mais uma alucinação retrospectiva, que expressa o desejo atual de matar os "guardas" e os médicos que vão sendo assimilados a nazistas, quando o hospital psiquiátrico se torna para ele um campo de concentração. Ele está sob um terror paranoico com relação a todas as figuras de autoridade.

A realidade dos fatos – a loucura de Dolores, a morte dos filhos e o assassinato dela – é tão terrível e plena de afetos irreconciliáveis que, para tentar livrar-se da cena sadomasoquista e da culpa, é preciso inventar um justiceiro, Daniels, em busca de uma perigosa delinquente, Rachel Solando, que teria matado os três filhos. Somos, de início, capturados na ilusão do delírio, para depois descobrir que Rachel Solando é na verdade uma condensação de Dolores, a *sua* mulher psicótica que matou os *seus* três filhos, e Rachel, a filha de sete anos que reaparece nos sonhos e visões com olhar de desespero.

Ele acaba confessando ao companheiro de investigação que procurava também um certo Andrew Laeddis, responsável pela morte de sua mulher em um incêndio. Ele aqui se refere a um episódio anterior, quando a mulher põe fogo no apartamento onde moravam, incêndio do qual todos foram salvos, mas que não foi suficiente para alertá-lo do estado de loucura de Dolores. No final, descobrimos que Andrew Laeddis é seu verdadeiro nome, a identidade que teve que abandonar por ser inabitável. Ao transformar-se em Ted Daniels, o justiceiro, continua em busca do *self* recusado que retorna do real com seu verdadeiro nome, como o autor do crime de morte de sua mulher! Este é o núcleo de verdade em torno do qual se organiza o delírio.

No fim do filme, depois de sair por um curto tempo da loucura, ele mergulha de novo no delírio e opta pela lobotomia por não aguentar mais a dor. Nenhuma dor parece maior do que a de viver com a consciência de tudo o que aconteceu. O filme se encerra com sua pergunta ao psiquiatra: se é possível viver sentindo-se um monstro, responsável por atos e acontecimentos inassimiláveis.

O impacto do filme é bem grande: somos habilmente levados para dentro da loucura, sem saber para onde estamos indo e, sem saber que estamos enlouquecendo, vemos a solidez do real desmanchar-se em delírio e alucinação. Voltemos à realidade compartilhada por um instante.

Então, o que permite que o processo de luto se desenrole normalmente, e o que leva ao luto patológico e à melancolia?

Já podemos responder que um acontecimento violento demais é sempre difícil de assimilar e deixar passar, mas quando se articula com um amor, um ódio e uma culpa intensos demais, forma esta voz de recriminação absoluta, que vai atravessar o ego na forma de um enclave, que vai deixar abertos os ferimentos do passado, de tal forma que é impossível fechá-los, pois a libido escorre através do ferimento, e não existem nem amor nem perdão suficientes para ligar e transformar tantos afetos, instalando-se então um luto impossível, a melancolia.

São quatro os fatores que contribuem para instalar-se a melancolia e não poder curar-se: a extrema tragicidade dos acontecimentos, a extrema intensidade dos afetos, a predominância de um superego purificado e inassimilável pelo ego, e a impossibilidade ou intermitência de acesso do paciente ao processo analítico, dando origem a uma reação terapêutica negativa.

O trabalho de Melanie Klein pode ajudar-nos a compreender como se formam as identificações purificadas do superego.

Contribuição de Melanie Klein: identificações purificadas, superego arcaico, pura cultura de pulsão de morte

Por que o superego precoce é tão violento? Melanie Klein considera que o amor das origens é um amor voraz, devorador. Em função deste amor sádico, as primeiras figuras parentais são ameaçadoras, pois são formadas pela projeção, sobre elas, do sadismo infantil que é depois reintrojetado, formando as primeiras camadas identificatórias do superego. O superego em suas origens é, pois, sádico e acusador, uma cultura pura da pulsão de morte da criança, projetada nos pais e reintrojetada na forma de um julgamento severo.

A mudança do superego aterrorizador em consciência moral benigna só se dará por um processo de assimilação de boa parte dele por parte do ego. Os aspectos sádicos têm que sofrer unificação com as pulsões libidinais, fazendo emergir uma consciência moral e ética que envolve o reconhecimento do outro, com seus direitos e aspirações, e que permite a entrada nos regulamentos e nas leis impostos por uma comunidade social. Ora, esse processo nada mais é do que um processo de luto, que veio a se chamar mais tarde de "elaboração da posição depressiva" ou, na teoria freudiana, elaboração do complexo de Édipo.

O processo do luto normal, tal como descrito por Freud, inspirou Melanie Klein a construir a teoria da posição depressiva, uma posição central no desenvolvimento infantil e que será responsável pela transformação das identificações primárias em identificações secundárias, do superego devorador em consciência moral e ética, por meio do luto da onipotência originária e das formas primitivas de amar. A onipotência originária é o que leva a acreditar-se superpoderoso, capaz de tudo fazer e de tudo exigir, é o que faz das crianças pequenos déspotas, e o luto é aceitar perder tal posição imaginária. A posição esquizoparanoide por outro lado, toma por modelo a descrição freudiana da melancolia.

Com a ajuda de Freud, Melanie Klein percebe que há sempre algo de melancolia no luto normal e algo do luto normal na melancolia; ela aprende a pensar dialeticamente. Os dois autores concordariam se disséssemos que, de certa forma, a melancolia é também um processo de luto que, no entanto, se extraviou. O vértice dinâmico do pensamento de Freud e a sua ideia de séries complementares são o germe de um modo de pensar dialético que torna impossível abordar a saúde isolada da doença, e esta sem o paradigma daquela. A cura e o curar-se serão processos que tendem para um ponto infinito, cercado, por todos os lados, de extravios possíveis. Mais tarde, isso levará a pensar a análise como um processo interminável (Freud, 1937). Por outro lado, pode-se pensar o processo de análise bem-sucedida como um *luto* que não se extraviou tanto, mas, ao contrário, encerrou episódios vividos, expandindo-se para novas formas de viver.

Do objeto bom ideal ao objeto bom *tout court*

Ao elaborar a posição depressiva, os objetos ideais e purificados que formavam as camadas mais antigas do superego vão sendo transformados em simples objetos bons, isto é, nem ideais, nem puramente bons, mas bons objetos que surgem de uma unificação com os objetos maus. Outra forma de falar deste processo de unificação dos objetos bons e maus é dizer que o objeto bom (não ideal) precisa se estabelecer de maneira firme no ego. Costuma-se afirmar que um critério de saúde e de prevenção contra a melancolia é a firme introjeção do objeto bom. O que é isso afinal?

A introjeção do objeto bom é a colocação para dentro do aparelho psíquico de todas as experiências de prazer, formando um registro dinâmico bem estabelecido, isto é, uma reserva interna de experiências de prazer que pode funcionar como garantia de acesso ao prazer e à segurança, aumentando a capacidade de se tolerar estados transitórios de dor e frustração. Nessa medida, o bom objeto é mais do que o registro das experiências de satisfação, pois tem eficácia e dinamismo próprios. O objeto bom é, assim, o nome da experiência de satisfação introjetada e convertida em fonte de bem-estar e segurança, é o nome da experiência de encontro entre a necessidade da criança e o que ambiente pôde efetivamente proporcionar a ela. Esse objeto bom introjetado será a fonte das pulsões de vida, e do amor.

Superego arcaico e superego pós-edípico: enclave e passagem

A presença do objeto bom firmemente introjetado é o que permite que os aspectos mais ferozes e selvagens do superego arcaico possam ir sendo assimilados e metabolizados, integrando-se ao ego e deixando de funcionar como foco de terror. O superego primitivo é constituído de objetos ideais: as qualidades positivas ideais - isto é, o máximo de prazer, poder e perfeição - só existem a partir de uma clivagem das más qualidades ideais - o máximo de desprazer e de imperfeição -, que neste estado ideal são inassimiláveis pelo ego: formam um obstáculo, pois não são passíveis de elaboração simbólica ou tradução. Sua qualidade estritamente imaginária torna-os estáticos, cristalizados.

Por que é tão mortífera a estratégia de purificar a qualidade boa ou má das experiências, dos objetos e do próprio sujeito? Por que reencontramos, por exemplo, em todo projeto fundamentalista uma estratégia de purificar e destruir, e em seu bojo um projeto de guerra que no limite leva a um genocídio?

Purificar é destilar e separar o "bom" e o "mau", para definir o perímetro de um "bom" que não admite imperfeições, que tem que ser "puro". Ao isolar tão completamente o bom e o mau, só resta eliminar e destruir o que passa a ser visto como mau; este procedimento corresponde a uma fantasia onipotente de ficar só com o que é sumamente bom, e livrar-se de toda mancha, defeito ou precariedade.

A razão delirante dos fundamentalismos é criada desta forma, a partir da crença nestes ideais puros; e da projeção do "mal" nos "outros", no outro povo, nas outras pessoas (Bruneteau, 2005; Semelin, 2009; Cintra, 2001a).

A ideia de um bem e mal puros incita ao julgamento condenatório e à projeção de tais ideais, criando ídolos e bodes expiatórios.

Um julgamento baseado em certezas morais, que evita o benefício da dúvida e a ponderação entre vários pontos de vista, leva, necessariamente, à ideia de uma "solução final", e à morte. Esta forma de razão delirante lança sua sombra sobre o "outro" e está destinada a eliminar o outro que ameaça com o perigo de ser diferente do eu e que é, portanto, considerado "intrinsecamente mau".

Purificar e destruir são estratégias defensivas extremas para lidar com a angústia paranoide, com a ameaça que o outro, diferente do eu, representa: passa a ser pensado como inimigo perigoso que ameaça atacar. O eu precisa se antecipar, construir bem claramente a "maldade" do outro, que decorre do fato de ele ser diferente de si, e então destruí-lo a qualquer custo, antes de ser por ele destruído. Este é o modo de funcionar do superego arcaico e de suas identificações primárias, um regime de "tudo ou nada" e de "soluções finais".

Quando o luto é possível, vemos que o superego passa a ter traços mais benignos, surge da transformação das identificações primárias em identificações secundárias, longamente trabalhadas durante a posição depressiva, aliás, durante várias posições depressivas, ou, na teoria freudiana, pela elaboração do complexo de Édipo e do complexo de castração.

Do lado da doença, ficam: a clivagem do eu e um enclave ao movimento e à passagem do tempo. Instala-se a repetição, a recusa e a falta de trabalho criativo. Pode-se considerar este um trabalho da pulsão de morte, ou trabalho da melancolia, contrário à passagem do tempo e à simbolização.

Do lado da saúde, o trabalho do sonho e do luto, a simbolização da falta e da ausência, o acesso ao brincar, à transicionalidade e à capacidade de amar, cuidar e trabalhar. A temporalização só é possível por meio do luto bem-sucedido. Deste lado está o que André Green (1993, 1999) chama de um "trabalho do negativo".

Contribuição de Winnicott às condições que favorecem o luto: da culpa avassaladora à capacidade de cuidar e responsabilizar-se

Em "O desenvolvimento da capacidade de se preocupar", Winnicott (1963) desenvolve sua teoria de que o sentimento de culpa avassalador que surge nas primeiras posições depressivas precisa transformar-se na capacidade de cuidar, responsabilizar-se e comprometer-se com pessoas e com tarefas.

Na melancolia, a culpa é tão avassaladora que precisa ser expelida e recusada. Quando o sentimento de culpa não pode ser sentido e elaborado, mas precisa ser violentamente recusado, surgem condições para os atos de destruição mais gratuitos e arbitrários. Freud (1916) havia previsto isso ao escrever sobre criminosos que cometem seus crimes quando invadidos por um sentimento de culpa avassalador.

Por outro lado, Winnicott está pensando nas situações de saúde, quando o luto da posição depressiva pode acontecer e o sentimento de culpa pode emergir, ser contido e transformado por um processo de maturação. Ele vai pensar na transformação do sentimento de culpa em algo que chama de *concern*, uma palavra difícil de traduzir:

> *A palavra preocupação* [concern] *é usada para cobrir uma área de fenômenos, de modo positivo, que em sua face negativa são cobertos pela palavra "culpa". O sentimento de culpa é uma angústia associada ao conceito de ambivalência, e implica um nível de integração do ego individual que permite a retenção da imago do objeto bom concomitante à ideia de sua destruição. Preocupação pressupõe uma integração maior e um maior*

> *crescimento e se relaciona de forma positiva com o sentimento pessoal de responsabilidade, de forma especial nos relacionamentos nos quais entram impulsos instintivos. Preocupação se refere ao fato de que o indivíduo se importa, se preocupa, sente e aceita responsabilidade. (Winnicott, 1963, p. 70)*

Winnicott pensa que uma capacidade de se preocupar com o outro está na base de todo brincar, trabalhar e todo fazer criativo. Porém, esta transformação do sentimento de culpa em capacidade de se preocupar só pode acontecer se houver um ambiente suficientemente bom. A transformação acontece no estágio em que o bebê pode combinar impulsos agressivos e eróticos, isto é, quando atinge a ambivalência. O refinamento da ambivalência é o que pode dar origem à capacidade de se preocupar.

Ele considera que os impulsos do id originários das várias fases da libido (oral, anal, uretral, fálica) estão ligados a fantasias de ataque e destruição, de devorar e tomar posse do corpo materno. A fantasia é vivida como se fosse real, e se a mãe sobrevive aos ataques, isso se deve, para a criança, à capacidade *da mãe* de sobreviver, algo que suscita enorme gratidão. Quando isso é possível, as condições são favoráveis; a criança sente culpa, mas constata que a mãe sobreviveu a seus ataques e pode oferecer oportunidades de reparação por meio do brincar, do comunicar-se e do relacionar-se de maneira mais calma. Esse conjunto de circunstâncias dá uma chance ao bebê de realizar uma reparação, uma passagem da culpa primitiva à capacidade de cuidar e responsabilizar-se.

A maior contribuição de Winnicott é a ideia de que o ambiente suficientemente bom e a presença materna – e do analista – capaz de estar lá para receber o gesto espontâneo depois dos ataques do amor primitivo são fatores decisivos para que o luto seja possível e sejam evitados os extravios que levam à melancolia e a outros estados psicóticos. Entretanto, há circunstâncias vividas para as quais nenhum ambiente parece ser suficientemente bom para receber gestos de reparação, e nem todos os gestos de reparação parecem suficientes para que se possa aceitar a realidade traumática. A única saída possível parece ser fechar-se no delírio e recusar a realidade dos fatos.

O processo analítico é a instalação de um ambiente suficientemente bom que permite sair do estado de onipotência por meio de um processo de luto. Alguns psicóticos e fundamentalistas não chegam a passar por este luto da onipotência que envolve conviver com a imperfeição de si e dos outros, com o desamparo, a transitoriedade, a perda e a morte. A análise seria então este tempo oportuno, quando poderiam ser acompanhados em um corajoso gesto de entrar no rio das transformações, em um desprender-se do passado, de sua autotortura e de sua violência. É, entretanto, muito difícil deixar o pensamento mágico quando a realidade dos fatos é tão avassaladora como a do protagonista de *Shutter Island*.

A ética do analista exige que ele continue lá, ainda que a violência da realidade torne todos os seus dispositivos e ofertas insuficientes. É nesta situação limítrofe que a sua capacidade de sentir e pensar é testada, assim como sua possibilidade de viver um luto. Toda sua análise pessoal é posta à prova e muitas vezes nada, ou muito pouco, pode ser feito pelo outro. Mergulho na face escura do outro, desalojamento de certezas, hora de colocar tudo em dúvida e começar a aprender de novo.

Referências

Bruneteau, B. (2005). *Le siècle des génocides. Violences, massacres et processus génocidaires de l'Arménie au Rwanda*. Paris: Armand Colin.

Cintra, E. M. U. (2001a). A terceira margem do rio, *Pulsional Revista de Psicanalise, XIV/XV*(152/153), 70-81.

Cintra, E. M. U. (2001b). Hamlet e a Melancolia, *Revista Lationoamericana de Psicopatologia Fundamental, IV*(4), 3-42.

Cintra, E. M. U., & Figueiredo, L. C. (2004). *Melanie Klein, estilo e pensamento*. São Paulo: Escuta.

Figueiredo, L. C. (2009). *As diversas faces do cuidar – novos ensaios de psicanálise contemporânea*. São Paulo: Escuta.

Freud, S. (1897). Manuscrito N. In S. Freud, *Obras Completas* (Vol. I, pp. 296-322). Buenos Aires: Amorrortu, 1976.

Freud, S. (1905). Tres ensayos de teoría sexual. In S. Freud, *Obras Completas* (Vol. VII, pp. 109-224). Buenos Aires: Amorrortu, 1976.

Freud, S. (1914). Introducción del Narcisismo. In S. Freud, *Obras Completas* (Vol. XIV, pp. 65-98). Buenos Aires: Amorrortu, 1976.

Freud, S. (1916). Algunos tipos de carácter dilucidados por el trabajo psicanalítico. In S. Freud, *Obras Completas* (Vol. XIII, pp. 313-339). Buenos Aires: Amorrortu, 1976.

Freud, S. (1917). Luto e melancolia (M. Carone, Trad.), *Novos Estudos Cebrap*, (32), 128-142, 1992.

Freud, S. (1925a). Nota sobre La "pizarra mágica". In S. Freud, *Obras Completas* (Vol. XIX, pp. 239-247). Buenos Aires: Amorrortu, 1976.

Freud, S. (1925b). A negação (M. Carone, Trad.), *Novos Estudos Cebrap*, (32), 125, 1992.

Freud, S. (1937). Análisis terminable e interminable. In S. Freud, *Obras Completas* (Vol. XXIII, pp. 211-255). Buenos Aires: Amorrortu, 1976.

Green, A. (1993). *Le travail du négatif*. Paris: Minuit.

Green, A. (1999). The intuition of the negative in *Playing and Reality*. In G. Kohon (Org.), *The dead mother* (pp. 205-221). Londres: Routledge.

Klein, M. (1935). Uma contribuição à psicogênese dos estados maníaco-depressivos. In M. Klein, *Amor, culpa e reparação e outros trabalhos (1921-1945*) (pp. 301-329). Rio de Janeiro: Imago, 1996.

Klein, M. (1940). Luto e suas relações com os estados maníaco-depressivos. In M. Klein, *Amor, culpa e reparação e outros trabalhos (1921-1945*) (pp. 385-411). Rio de Janeiro: Imago, 1996.

Kristeva, J. (1989). *Sol Negro: depressão e melancolia*. Rio de Janeiro: Rocco.

Lehane, D. (2010). *Ilha do medo*. São Paulo: Companhia das Letras.

Pontalis, J.-B. (1988). *Perder de vista: da fantasia de recuperação do objeto perdido*. Rio de Janeiro: Jorge Zahar.

Semelin, J. (2009). *Purificar e destruir* (J. Bastos, Trad.). Rio de Janeiro: Difel.

Shakespeare, W. (1601). Hamlet, Princípe da Dinamarca. In W. Shakespeare, *Obra Completa* (Nova versão anotada de F. Carlos de Almeida Cunha Medeiros e Oscar Mendes) (Vol. I, pp. 329-619). Rio de Janeiro: Nova Aguilar, 1989.

Winnicott, D. W. (1955). A posição depressiva no desenvolvimento emocional normal. In D. W. Winnicott, *Da pediatria à psicanálise: textos selecionados* (pp. 437-458). Rio de Janeiro: Francisco Alves, 1978.

Winnicott, D. W. (1958). Psicanálise e o sentimento de culpa. In D. W. Winnicott, *O ambiente e os processos de maturação* (pp. 19-30). São Paulo: Artes Médicas, 1983.

Winnicott, D. W. (1963). O desenvolvimento da capacidade de se preocupar. In D. W. Winnicott, *O ambiente e os processos de maturação* (pp. 70-78). São Paulo: Artes Médicas, 1983.

A psicossomática no espectro da psicopatologia psicanalítica

Flávio Carvalho Ferraz

Introdução

A psicossomática psicanalítica foi um desenvolvimento pós-freudiano no espectro da psicanálise. Freud, embora tenha feito algumas menções à problemática das doenças orgânicas e de sua relação com a vida psíquica, não se debruçou sobre este assunto. Deixou para seus sucessores esta tarefa. Groddeck, médico contemporâneo de Freud – de quem este tomou o termo "id" de empréstimo – foi um dos primeiros autores psicanalíticos a se preocupar com o lugar da doença somática na vida psíquica. Ferenczi foi outro analista da primeira geração que também voltou sua atenção para esta problemática.

Apesar destes esforços iniciais no sentido da investigação das relações entre a mente e o corpo, especialmente no aspecto estrito da produção de doenças psicossomáticas, o campo próprio da psicossomática dentro do sistema conceitual e clínico da psicanálise somente mais tarde foi se consolidando: nos Estados Unidos, pelas mãos de Franz Alexander e seus colaboradores, por meio daquele grupo que passou a ser conhecido como "Escola de Chicago"; e, na França, pelos esforços de Pierre Marty, seus colegas e discípulos do Instituto de Psicossomática (IPSO).

Procurarei delimitar, de modo sucinto, o campo recoberto pelos pontos de referência na obra de Freud que permitiram a abertura ulterior para a construção de um pensamento acerca do sintoma psicossomático. Para tanto, abordarei seus estudos iniciais sobre as neuroses atuais (que já introduziam uma diferença estrutural entre estas e as psiconeuroses), o conceito de *acting out*, a dissociação do ego como processo defensivo, a economia do afeto e, por fim, a pulsão de morte (quando tentarei fazer uma ponte retrospectiva entre tal conceito e as primeiras intuições de Freud acerca do "fator atual" presente nas neuroses atuais).

Neuroses atuais e psiconeuroses[1]

Os estudos iniciais de Freud sobre as neuroses ficaram marcados pela distinção que ele fazia entre as chamadas *neuroses atuais* e as *psiconeuroses*. Ocorre que, aos poucos, o conceito de neurose atual foi deixando de aparecer em seus trabalhos, como que sendo colocado à parte do campo propriamente psicanalítico. No entanto, é interessante observar-se, hoje em dia, como muitos dos aspectos por ele descritos como peculiares às neuroses atuais podem se articular com aquilo que se compreende atualmente como campo da psicossomática.

1 Reproduzo aqui extratos de dois textos de minha autoria: "Das neuroses atuais à psicossomática", publicado na revista *Percurso*, ano 7, (16), 1996; e "A tortuosa trajetória do corpo na psicanálise", publicado na *Revista Brasileira de Psicanálise*, *41*(4), 2007.

A expressão "neurose atual" apareceu na obra de Freud, pela primeira vez, no artigo "A sexualidade na etiologia das neuroses" (1898). Neste trabalho, ele afirmava que a principal causa atuante na origem de toda neurose repousa sobre a vida sexual do paciente, afirmação que viria a constituir-se como pedra fundamental para toda a estruturação da psicanálise. Mas Freud alertava para o fato de que o papel desempenhado pela sexualidade pode ser bastante diferente de acordo com o caso. Deste modo, aparecia, neste artigo, a necessidade de se classificarem os casos de neurose – a partir do diagnóstico feito com base em cuidadoso exame da sintomatologia – em dois grandes grupos: o da *neurastenia* e o da *psiconeurose* (histeria e obsessões), existindo ainda a ocorrência, muito frequente, de casos em que os sintomas de ambos os grupos aparecem combinados.

De acordo com Laplanche e Pontalis (1967), no que tange à distinção entre as psiconeuroses e as neuroses atuais, o termo *atual* "vem a exprimir aqui a ausência daquela mediação que encontramos na formação dos sintomas da psiconeurose (deslocamento, condensação, etc.)" (p. 382). Freud já alertara – antecipando a importância que isso viria a ter no futuro para as expansões da teoria e da clínica psicanalíticas – para o fato de que havia duas formas bastante diferentes de se processar a excitação psíquica: transformando-a diretamente em angústia – donde resultariam sintomas predominantemente somáticos ou não simbólicos – ou então procedendo-se à mediatização simbólica – donde resultariam sintomas eminentemente psíquicos.

Essa constatação é de suma importância para a constituição do campo teórico da psicossomática na psicopatologia psicanalítica contemporânea, visto que aquilo que delimitaria o domínio das chamadas neuroses atuais seriam, entre outros fatores, as características *somáticas* da sintomatologia. É assim que, na neurastenia, podiam ser encontrados sintomas como: pressão intracraniana, inclinação à fadiga, dispepsia, constipação, irritação espinhal, etc. Em outro subgrupo das neuroses atuais, o das chamadas *neuroses de angústia*, este tipo de sintomatologia teria menos importância; os traços sintomatológicos proeminentes estariam todos gravitando em torno do "sintoma nuclear" da angústia, e seriam: sobressalto, inquietude, ansiedade expectante, ataques de angústia completos, rudimentares ou suplementares, vertigem locomotora, agorafobia, insônia, maior sensibilidade à dor, etc.

A distinção entre estas duas modalidades da neurose atual - a neurastenia e a neurose de angústia - já fora feita por Freud antes mesmo do aparecimento do próprio termo *neurose atual*. Já no ano de 1894, quando em seus trabalhos anteriores constava somente a figura da neurastenia, Freud publicou o artigo "Sobre os critérios para destacar da neurastenia uma síndrome particular intitulada 'neurose de angústia'", no qual descrevia esta nova possibilidade diagnóstica, caracterizando seus sintomas como "manifestações imediatas da angústia ou como rudimentos equivalentes dela" (Freud, 1897, p. 277). Assim, a neurose de angústia seria resultado de uma transformação direta do fator quantitativo do representante pulsional em angústia. É por isso que, nessa neurose, predomina um tipo de angústia sem objeto nítido, tendo os fatores atuais papel relevante na sua etiologia, como se dá nos casos hoje em dia classificados como síndrome do *pânico*. Para Dejours (1988), a somatização é um processo que está na continuidade da neurose de angústia: "para os especialistas em psicossomática também é hábito dar muita atenção à descompensação que representa a neurose de angústia, pelo que ameaça prefigurar para o futuro na ordem das somatizações" (p. 126).

Ainda que mantida por Freud a distinção entre as psiconeuroses e as neuroses atuais, o que se verificou no desenvolvimento ulterior da psicanálise foi um progressivo abandono desta nosografia, devido à ênfase que se deu sobre o papel do recalque e da sexualidade infantil na constituição do campo propriamente psicanalítico. A ideia de *neurose atual*, sobre a qual Freud despendeu tantos esforços, foi, silenciosamente, perdendo sua importância e caindo, pouco a pouco, no abandono. Ocorre, porém, que alguns dos *insights* freudianos a respeito das peculiaridades das neuroses atuais podem, hoje em dia, ser considerados de alta importância teórica. Entre elas, destaca-se a afirmação da sintomatologia somática – em oposição à sintomatologia psíquica das psiconeuroses – e a especificidade da relação de temporalidade entre sintoma e causa precipitante. Laplanche & Pontalis, tratando da perda de força do conceito de neurose atual dentro do sistema psicanalítico de Freud, apontam para o fato de que esta antiga noção "leva diretamente às concepções modernas sobre as afecções psicossomáticas" (Laplanche & Pontalis, 1967, p. 384).

Freud entreviu o fato de que o sintoma psicossomático não se constituía como um retorno do recalcado – da sexualidade infantil recalcada – nos moldes da psiconeurose. Aí encontramos um ponto de partida na teoria freudiana para todo o campo de estudos da psicossomática que veio a se consolidar posteriormente na França, a partir dos anos 1970, dentro da Escola Psicossomática de Paris, que teve na figura de Marty seu grande expoente, ao lado de M'Uzan e Fain, entre outros.

A sintomatologia somática, indubitavelmente, mantém-se como ponto de destaque na estrutura psíquica que diverge essencialmente da formação neurótica. A impossibilidade da elaboração psíquica deixaria livre o acesso da excitação não representável para o plano somático. Freud já apontara, para o caso das neuroses atuais, um mecanismo em ação divergente do recalque, isto é, da existência de uma área de formação do sintoma não abrangida pela simbolização.

Marty (1991) utilizou o conceito de *mentalização* como sendo uma espécie de medida das dimensões do aparelho psíquico, que concernem "à quantidade e à qualidade das representações psíquicas dos indivíduos" (p. 11). Pode-se dizer, *grosso modo*, que, para ele, uma boa mentalização protege o corpo das descargas de excitação, à medida que esta encontra abrigo nas representações existentes no pré-consciente. Um grau pobre de mentalização, ao contrário, deixa o corpo biológico desprotegido, entregue a uma linguagem primitiva basicamente somática. As representações psíquicas, bases da vida mental, são responsáveis pela existência das fantasias e dos sonhos, longas vias associativas que permitem o escoamento das excitações, dando-lhes um substrato propriamente psíquico. Nos processos de somatização pode-se falar, então, em *insuficiência* ou *indisponibilidade* das representações pré-conscientes.

A ausência da metabolização simbólica da excitação proveniente da pulsão – que Freud entreviu na neurose atual em contraste com as intrincadas formações produzidas pelo recalque no neurótico – pode ser considerada figura de proa da psicossomática.

O mecanismo de repressão a que se faz alusão na psicossomática diz respeito à barreira que se instala entre o sistema pré-consciente e o consciente. Trata-se, aqui, de uma repressão psíquica no sentido do evitamento de uma representação adquirida, que pode se alastrar de modo a atingir mais e mais representações ligadas afetivamente às precedentes. Marty (1991) frisa que não está em questão, na gênese do sintoma somático, o mecanismo do recalque, pois tal espécie de sintoma não tem a característica de *retorno do recalcado*: no caso da repressão, a representação pode aparecer intacta em alguns momentos – sem a deformação sofrida pelo recalcado quando este retorna – para desaparecer novamente em seguida. O recalcamento, se por um lado torna inconsciente o conflito, por outro produz formações - o sonho, por excelência - que "permitem colocar progressivamente em dia a história infantil do sujeito, deixando aparecer os complexos que dele resultaram (castração e Édipo, por exemplo)" (Marty, 1991, p. 37).

A importância do conceito de acting out

As formas de psicopatologia não neuróticas (nas quais outros mecanismos que não o recalcamento assumem um lugar primordial como meios de defesa) caracterizam-se especialmente pela presença do *acting out* como mecanismo pelo qual se escoam as somas de excitação acumuladas no aparelho psíquico. Contudo, a acepção de *acting out* aqui levada em conta não se limita ao emprego que Freud fazia desta noção, que concernia à resistência do paciente contra a rememoração no processo analítico. Toma-se aqui o *acting out* como característica do funcionamento mental peculiar a certas estruturas de personalidade em que o agir sobrepuja o pensar. Toda vez que se torna impossível pensar sobre determinada situação psíquica à qual se está sujeito, o agir surge como substituto regressivo: comer, beber, brigar, acidentar-se e, no final desta sequência - que pode ir aumentando a gravidade - encontramos o adoecer.

O mecanismo de defesa que originalmente deve ter sido estabelecido no caso da propensão à somatização em tudo diverge do recalcamento. Não é possível elaborar psiquicamente as somas *de excitação que invadem o aparelho* psíquico, sejam elas provenientes de fora (da realidade) ou de dentro do próprio aparelho (pulsões); não é possível encontrar-se uma via de escoamento da excitação por meio da palavra, visto que o discurso se apresenta *desafetado* (McDougall, 1989) ou *operatório* (Marty, 1991). A descarga só pode se dar mediante o *ato*. Esta ideia, aliás, parece já presente em

Freud, que, embora tratando de uma situação diferente da que tratamos aqui, finalizou seu livro *Totem e tabu* fazendo uma comparação entre os povos primitivos e os neuróticos, para concluir que, nos neuróticos, "o pensamento constitui um substituto completo do ato". E dá um fecho solene a seu trabalho proclamando que "no princípio foi o ato" (Freud, 1913, p. 191).

O ato do somatizador recai sobre o soma. Ao contrário da conversão histérica, quando o corpo afetado é o corpo erógeno – portanto, corpo simbólico – na somatização o corpo é mesmo o corpo biológico; daí a existência de uma lesão orgânica, muitas vezes extremamente grave. Freud já dizia que o aparelho psíquico tem por função receber e processar os estímulos externos e as manifestações pulsionais, fazendo, para tanto, uso de suas vias associativas. Quando isso não é completamente possível, outras defesas, que não o recalcamento, entram em cena, passando ao largo da mediatização pelo símbolo.

A dissociação do ego como defesa

A investigação de Freud a partir dos anos 1920, quando ele se pôs a tentar elucidar o funcionamento psíquico e as defesas próprias da perversão, abriu fronteiras fundamentais para que a psicanálise deslanchasse rumo à compreensão de uma série de fenômenos psicopatológicos e clínicos que escapavam daquilo que se convencionara chamar de *neurose* e *psicose*, modalidades clássicas do adoecer psíquico. As figuras conceituais da *recusa* (*Verleugnung*) e da *clivagem* (*Spaltung*) do ego possibilitaram à psicanálise pós-freudiana encaminhar-se com maior segurança para a exploração não apenas da perversão, mas também dos fenômenos não neuróticos em geral. Christophe Dejours (1988) mostra como as considerações metapsicológicas de Freud sobre a perversão, feitas a partir da noção de *clivagem* do ego, forneceram o modelo para a compreensão do funcionamento mental dos psicóticos (por Melanie Klein), dos pacientes *borderline* (por Winnicott e Kernberg), dos psicopatas (por Winnicott), das personalidades narcisistas (Kohut) e dos somatizadores (por ele próprio, Dejours).

Foi no artigo inacabado "A divisão do ego no processo de defesa" que Freud (1940) desenvolveu a ideia de um ego clivado ou cindido, que funciona em dois registros não só diferentes, mas contraditórios, fato que põe em xeque sua ideia anterior da existência de uma função sintética do ego, condizente com a saída neurótica para o conflito edípico, quando o menino cede à evidência da castração e aceita a proibição que dela o livra.

A noção de um ego dividido ou clivado tornou-se, assim, fundamental para a psicossomática. Em primeiro lugar, por colocar em questão uma clivagem entre soma e psique. E, em segundo, por apontar para o estabelecimento de uma estrutura psíquica em que uma parte do ego defende-se da angústia por meio de um mecanismo maciço que simplesmente procura, a qualquer custo, afastá-la do polo perceptivo. Isso explica o funcionamento aparentemente "normal" ou até mesmo hipernormal do somatizador e nos abre as portas para uma última consideração sobre os pontos da psicanálise freudiana que nos ajudam a pensar o fenômeno da somatização: trata-se dos destinos do afeto, que veremos a seguir.

Os destinos do afeto

McDougall (1989) utiliza o conceito de *desafetação* para falar de algo razoavelmente semelhante ao que Marty e M'Uzan (1994) chamaram de funcionamento *operatório*. Os pacientes mais propensos a somatizar seriam aqueles "incapazes de recalcar as ideias ligadas à dor emocional e igualmente incapazes de projetar esses sentimentos, de maneira delirante, sobre as representações das outras pessoas" (Marty & M'Uzan, 1994, p. 105).

Delineia-se, assim, uma estrutura psíquica diferente da neurose, por um lado, e da psicose, por outro. Para McDougall (1989), tais pacientes "ejetam brutalmente" do campo consciente as representações carregadas de afeto; não podem conter o excesso da experiência afetiva nem refletir sobre ela. As palavras deixam de ter a função de ligação pulsional, e tornam-se "estruturas congeladas, esvaziadas de substância e de significação" e o discurso mantém-se inteligível, porém totalmente destituído de afetos. A palavra, neste caso não oferece mais proteção contra a excitação. McDougall, fazendo uma consideração sobre a etiologia da desafetação, afirma ter encontrado na anamnese destes pacientes referências a um "discurso familiar que preconizava um ideal de inafetividade e condenava qualquer experiência imaginativa" (p. 116).

Estamos, portanto, diante de um destino da angústia diferente daqueles outros propostos por Freud, que eram: a conversão somática (histeria), o deslocamento para outras representações (neurose obsessiva e fobia) e a liberação direta por meio do ataque de angústia (neurose de angústia ou ataque de pânico). No caso dos sujeitos propensos à somatização, encontra-se, de acordo com McDougall, o *congelamento* do afeto como defesa contra a angústia, pelo fato de que esta se encontra ligada a experiências precoces suficientemente fortes e traumáticas para que a sua emergência no plano mental fosse sentida como algo enlouquecedor, isto é, para que pusesse em ameaça a própria unidade identitária do sujeito (angústia psicótica).

O que se verifica na vida psíquica do sujeito propenso às somatizações é, portanto, uma impossibilidade para devanear ou para experienciar os estados subjetivos dentro de si próprio. Ele se defende da angústia psicótica por meio de um bloqueio da afetividade que se dá basicamente pela atuação do mecanismo de repressão, de modo que a sua supernormalidade aparente (discurso racional e avesso às operações simbólicas) funciona como uma espécie de tábua de salvação para que ele se preserve de seus próprios desejos, que funcionam primordialmente como fonte de conflitos. Deste modo, encontramos neste sujeito aquilo que Bollas (1992) chamou de *doença normótica*, quadro no qual o sujeito mantém seu funcionamento psíquico à moda de um robô.

O "fator atual" e a pulsão de morte

Finalmente, temos que a postulação da pulsão de morte por Freud foi, sem dúvida, um retorno da temática psicopatológica presente em 1894 nas neuroses atuais. Tanto é que trouxe de volta o aspecto econômico da metapsicologia, que ficara ofuscado, por uma longa temporada, pelo aspecto dinâmico. Assim, a pulsão de morte responde pelo que veio a se chamar de "fator atual", presente nas formas de adoecimento não neuróticas, mas também presente como um fundo – resíduo ou precipitado – não elaborável ou não representável que subjaz a toda psiconeurose. Dejours afirma que Freud só pôde evocar a "angústia automática" e o "estado de aflição" (*Hilflosigkeit*) em sua última teoria da angústia porque havia, pouco antes, introduzido o conceito de pulsão de morte e falado em "neurose traumática", que, para ele, "são inegavelmente o ressurgimento das neuroses atuais de 1895", quando a preocupação com o biológico volta à cena, "ao mesmo tempo em que são evocadas as doenças somáticas e a morte biológica que quase tinham desaparecido da teoria psicanalítica" (Dejours, 1988, p. 33).

Ora, Freud já deixara marcado, na conferência de 1917, o fato de que um "fator atual" subjaz a toda psiconeurose. Seria algo como o limite do representável, ou, dizendo de modo livre, uma espécie de "umbigo" de todo sintoma simbólico que marca o substrato somático sobre o qual o funcionamento psíquico se assenta. Em uma metáfora do próprio Freud, as influências somáticas desempenhariam o papel de um "grão de areia que o molusco cobre de camadas de madrepérola", quando se produzem os sintomas histéricos. Diz Freud (1917) ainda que

> *uma notável relação entre os sintomas das neuroses atuais e os das psiconeuroses oferece mais uma importante contribuição ao nosso conhecimento da formação dos sintomas nestas últimas. Pois um sintoma de uma neurose atual é frequentemente o núcleo e o primeiro estádio de um sintoma psiconeurótico. (p. 455)*

A pulsão de morte atuaria como um dispositivo contra a representação; nesse sentido, pode conduzir ao desapoio da função. Corresponde à força que leva ao que Marty (1991) chamou de "má mentalização", ou seja, um *déficit* representacional que torna empobrecidos os sistemas inconsciente e pré-consciente, fazendo-se sentir sobretudo pelo discurso concreto e objetivo e pela carência de atividade onírica.

A angústia, neste caso, seria sempre a angústia automática da qual Freud (1926) veio a falar em *Inibições, sintomas e ansiedade*, e que retoma, de certo modo, aquela angústia definida como descarga em 1895 no caso das neuroses atuais. Trata-se de uma modalidade de angústia que é sobretudo somática, uma contrapartida da angústia-sinal, essencialmente psíquica. A angústia automática é aquela que marca uma *falha do ego* diante do perigo, quando este, não tendo tido condições de examinar os processos da realidade, deixa-se tomar de surpresa. É claro que estamos falando aqui do trauma, ou seja, do irrepresentável que se articula exatamente à pulsão de morte. *Grosso modo*, o sujeito da neurose atual funciona no registro da neurose traumática; responde automaticamente, passando ao largo dos processos propriamente psíquicos na sua montagem sintomática. Age segundo os modelos herdados da filogênese ou aprendidos intelectualmente, mas sem a singularidade e a criatividade inerentes às formações simbólicas, essencialmente idiopáticas. Desconhece o *agir expressivo*: age sem metaforizar sua experiência na produção de uma resposta; responde, quando muito, lançando mão de uma produção metonímica.

Michel de M'Uzan (2003) retoma o problema do "fator atual" que jaz no fundo de toda psiconeurose, e que se encontra na própria superfície das neuroses atuais, para afirmar que ele constitui o fundo inanalisável do neurótico. Os traumas verdadeiros, sendo inelaboráveis, não são passíveis de se representar; convertem-se em força degradante da energia de autoconservação. Assim, para ele, a articulação entre pulsão de morte e compulsão à repetição não é indispensável. A incidência letal da compulsão à repetição não requer uma referência necessária à atividade de um instinto ou de uma pulsão especial: explica-se pela degradação da energia atual, em essência um fator quantitativo que coincide com a força de autoconservação, e que passa a funcionar de modo pervertido diante do trauma verdadeiro, irrepresentável. Seria isso o que a psicanálise chamou de "pulsão de morte".

Marilia Aisenstein e Claude Smadja, que, a exemplo de M'Uzan, pertencem à Escola Psicossomática de Paris, também se preocuparam com esta questão do "fator atual". Lembram que a obra de Pierre Marty é indispensável por ter definido uma "ordem psicossomática", que organizou o pensamento dos psicossomatistas da primeira geração da escola de Paris. Marty, de fato, deu particular atenção para o aspecto econômico e para a textura e a variabilidade do funcionamento mental. Foi assim que localizou e definiu o "pensamento operatório", presente em uma organização psíquica em que "os delegados pulsionais, que são as representações efetivamente investidas, parecem estar ausentes" (Aisenstein & Smadja, 2003, p. 410).

> *Isso que, no pensamento de Marty, aparece como carência – déficit do funcionamento mental – pode ser compreendido e explicitado no âmbito geral da teoria freudiana por meio da noção de pulsão de morte, que dá conta da destruição dos processos de pensamento verificados nos estados operatórios e em patologias comportamentais, que podem então ser compreendidos como resultados de um verdadeiro "dispositivo antipensamento". (Aisenstein & Smadja, 2003, p. 412)*

Concluo, com esses autores, propondo a ideia de que, após a segunda teoria pulsional, de 1920,

> *as neuroses atuais saem de sua latência teórica e são repensadas por Freud numa perspectiva econômica e se integram conceitualmente a uma introdução além do princípio do prazer . . . Hoje não há mais dúvida de que a neurose atual contém, na sua organização, uma dimensão traumática e que a destrutividade interna é obra dos mecanismos interruptivos que privam o tecido mental de uma parte de suas pulsões eróticas. (Aisenstein & Smadja, 2003, p. 413)*

Referências

Aisenstein, M., & Smadja, C. (2003). A psicossomática como corrente essencial da psicanálise contemporânea. In A. Green (Org.), *Psicanálise contemporânea* (pp. 407-419). Rio de Janeiro: Imago.

Bollas, C. (1992). *A sombra do objeto.* Rio de Janeiro: Imago.

Dejours, C. (1988). *O corpo entre a biologia e a psicanálise.* Porto Alegre: Artes Médicas.

Freud, S. (1894). Sobre os critérios para destacar da neurastenia uma síndrome intitulada "neurose de angústia". In S. Freud, *Edição Standard Brasileira das Obras Psicológicas Completas de Sigmund Freud* (Vol. III, pp. 101-138). Rio de Janeiro: Imago, 1980.

Freud, S. (1896). Novos comentários sobre as neuropsicoses de defesa. In S. Freud, *Edição Standard Brasileira das Obras Psicológicas Completas de Sigmund Freud* (Vol. III, pp. 181-211). Rio de Janeiro: Imago, 1980.

Freud, S. (1897). Sinopses dos escritos científicos do Dr. Sigm. Freud. In S. Freud, *Edição Standard Brasileira das Obras Psicológicas Completas de Sigmund Freud* (Vol. III, pp. 251-283). Rio de Janeiro: Imago, 1980.

Freud, S. (1898). A sexualidade na etiologia das neuroses. In S. Freud, *Edição Standard Brasileira das Obras Psicológicas Completas de Sigmund Freud* (Vol. III, pp. 285-312). Rio de Janeiro: Imago, 1980.

Freud, S. (1913). Totem e tabu. In S. Freud, *Edição Standard Brasileira das Obras Psicológicas Completas de Sigmund Freud* (Vol. XIII, pp. 13-194). Rio de Janeiro: Imago, 1980.

Freud, S. (1917). Conferências introdutórias sobre psicanálise. Conferência XXIV: "O estado neurótico comum". In S. Freud, *Edição Standard Brasileira das Obras Psicológicas Completas de Sigmund Freud* (Vol. XVI, pp. 441-456). Rio de Janeiro: Imago, 1980.

Freud, S. (1926). Inibições, sintomas e ansiedade. In S. Freud, *Edição Standard Brasileira das Obras Psicológicas Completas de Sigmund Freud* (Vol. XX, pp. 93-201). Rio de Janeiro: Imago, 1980.

Freud, S. (1940). A divisão do ego no processo de defesa. In S. Freud, *Edição Standard Brasileira das Obras Psicológicas Completas de Sigmund Freud* (Vol. XXIII, pp. 305-312). Rio de Janeiro: Imago, 1980.

Laplanche, J., & Pontalis, J.-B. (1967). *Vocabulário da psicanálise.* São Paulo: Martins Fontes, 1986.

Marty, P. (1991). *Mentalisation et psychosomatique*. Paris: Delagrange.

Marty, P., & M'uzan, M. (1994). O pensamento operatório, *Revista Brasileira de Psicanálise*, *28*(1), 165-174.

McDougall, J. (1989). *Teatros do corpo* (P. H. Bernardes Rondon, Trad.). São Paulo: Martins Fontes, 1991.

M'uzan, M. (2003). No horizonte: "o fator atual". In A. Green (Org.), *Psicanálise contemporânea* (pp. 397-405). Rio de Janeiro: Imago.

Mãe e filha... Uma relação tão delicada...

Maria Helena Fernandes

> *Meu corpo não é meu corpo,*
> *é ilusão de outro ser.*
> *Sabe a arte de esconder-me*
> *e é de tal modo sagaz*
> *que a mim de mim ele oculta.*
>
> Drummond de Andrade (1984)

A clínica psicanalítica da anorexia e da bulimia nos confronta de saída com a questão do corpo, assim como nos coloca diante da especificidade dos processos da adolescência, particularmente em relação às meninas. Essa clínica nos oferece um panorama privilegiado para permitir uma reflexão sobre a complexidade da relação mãe-filha, justamente por colocar em evidência seus aspectos paradoxais.

A questão do corpo na psicanálise me ocupa já há muitos anos. Em meu último livro sobre a anorexia e a bulimia me propus a contribuir para melhor compreender as distorções da imagem corporal, tão comum nesses casos, mas também as vicissitudes da relação inicial mãe-bebê e sua relação com as identificações e, consequentemente, com os ideais, a diferenciação, a autonomia, o tempo e a morte. Assim, minha intenção neste artigo é salientar a especificidade dos processos da adolescência feminina, com o objetivo de propor uma reflexão a respeito das vicissitudes da relação mãe-filha e sua relação com o corpo, particularmente nos casos de anorexia e bulimia.

Nessas patologias, a questão do corpo nos remete de saída à problemática da distorção da imagem corporal, em que se evidencia também ausência de discriminação entre dentro e fora. Tudo se passa como se o corpo próprio não exercesse aí uma de suas funções, que é colocar os limites entre o eu e o outro. Essa dificuldade de discriminação entre dentro e fora, assinala a importância da precariedade das fronteiras entre sujeito e objeto, evidenciada na ausência de autonomia e dificuldade de diferenciação da figura materna. É sobre esse último ponto que me deterei neste texto.

A dupla mãe-filha

Tem sido assinalado que as jovens anoréxicas e bulímicas, quando são indagadas a respeito de algo, frequentemente respondem o que a mãe pensa sobre o assunto. Mesmo que a seguir possam enunciar a própria opinião, embora, na maioria das vezes, de forma vacilante, não deixa de chamar a atenção essa presença marcante da mãe no discurso delas.

É Lígia quem me telefona para marcar sua primeira entrevista; vem sozinha, dirigindo seu próprio carro. Porém, diante da minha tentativa de conhecer sua própria teoria a respeito do que se passava com ela, me diz: "a minha mãe fala que vomito para não engordar, mas a verdade é que não posso suportar tudo aquilo dentro de mim". A mãe de Lígia nunca tentou se comunicar comigo, o que de certa forma sempre me chamou a atenção. É comum, ao longo da análise dessas jovens, precisarmos administrar também as angústias da mãe, seu desespero e, sem dúvida, suas tentativas de entrar no espaço analítico. No entanto, essa mãe não parecia precisar disso; na verdade, ela não precisava vir porque já estava lá; ia com Lígia para as sessões todos os dias: *a minha mãe diz, a minha mãe acha, a minha mãe pensa, a minha mãe quer...* As sessões se seguiram e continuávamos ali, as três, eu, Lígia e sua mãe. Vou aos poucos conhecendo-as – seus gostos, seus valores, suas crenças...

Embora Lígia enuncie, de saída, uma dissonância entre a teoria de sua mãe e a dela própria a respeito dos vômitos, inicialmente o conhecimento construído em nossas sessões referia-se, na verdade, ao saber sobre uma dupla: mãe e filha. Se o pai dessas jovens é frequentemente descrito como distante, sobrecarregado pelo trabalho, ausente ou excluído, a mãe, por sua vez, parece ocupar lugar de destaque na vida familiar e na vida dos filhos. Esse destaque, no entanto, é paradoxal: pode se tratar de uma mãe depressiva e alheia, muito preocupada com sua própria vida, pouco terna e exigente, ou, ainda mais frequentemente, de uma mãe hiperpresente e invasiva.

É curioso observar que, em relação à vaidade feminina, nota-se oposição mais extremada: ou são mulheres que investem muito na aparência física, valorizando atributos femininos e ocupando-se disso no que se refere a elas próprias ou, ao contrário, parecem rechaçar e desprezar ironicamente a vaidade feminina. No entanto, ao entrarmos em contato com essas mães vemos que elas parecem ainda submetidas às exigências de suas próprias mães, estas últimas referidas por elas como mães sempre dispostas a anular seus feitos. Os sentimentos de raiva e culpa em relação a suas próprias mães parecem não metabolizados, evidenciando seu próprio desamparo.

Já enfatizei em outras ocasiões que é por meio da escuta e da interpretação das sensações corporais, realizadas pela mãe, que o bebê vai construindo a imagem de seu corpo e, assim, sua identidade. Essa construção passa por laborioso trabalho que supõe, em sua origem, uma mãe capaz de exercer as funções de proteção, mediação e libidinização do seu bebê, garantindo as condições de possibilidade para que o corpo venha a se constituir como um corpo próprio.[1] Se a mãe falha nessas funções, se não tem a condição psíquica necessária para perceber as necessidades do bebê, para discriminar suas sensações corporais, ela interpretará os apelos dele segundo suas próprias necessidades, não estabelecendo diferenciação entre ela mesma e seu bebê. Nessas condições, o bebê se desenvolve preso na impotência e na dependência desse objeto primário. A dificuldade de diferenciação da mãe, observada nessas jovens, é, portanto, um correlato da dificuldade da própria mãe de se diferenciar de seu bebê.

Certa vez, fui surpreendida no consultório por um telefonema de uma mãe que insistia em conseguir um horário para sua filha, uma moça de 23 anos. Fico sabendo que, há alguns meses, a jovem havia entrado em contato comigo por telefone, porém, por falta de horário, não pude atendê-la e indiquei-lhe outro profissional. A moça chegou a marcar uma entrevista com esse profissional, mas recusou-se a continuar o processo. Como ainda estava impossibilitada de lhe oferecer um horário, pedi algumas informações à mãe, com o intuito de poder melhor ocupar-me do encaminhamento. Embora tenha se mostrado nitidamente irritada diante de minha impossibilidade, tentando pressionar-me a conseguir um horário para sua filha, ela me contou que o endocrinologista disse que a

1 Cf. o quarto e o quinto capítulos do meu livro *Transtornos alimentares: anorexia e bulimia* (Fernandes, 2006a).

moça precisava de uma análise, pois ela "estava sem menstruar". Diante dessa informação, logo perguntei se a jovem encontrava-se muito emagrecida e a mãe me respondeu rapidamente que "sim, mas... isso já foi há alguns meses, agora esse problema já está sendo tratado, porém, ela continua sem menstruar, parece que está na menopausa!" – disse ela. Surpresa diante de tal fala, não pude deixar de pensar que provavelmente quem estava na menopausa era a mãe!

Tal dificuldade de diferenciação fica ainda mais marcada nos casos de anorexia, em que o objeto incorporado parece encontrar-se fundido com o corpo e não com o ego, como observamos na melancolia. Isso me possibilita salientar que é justamente essa relação com o corpo que permite estabelecer aqui mais uma fronteira, desta vez entre a anorexia e a melancolia, assim como em trabalhos anteriores enfatizei, a fronteira entre a anorexia e a hipocondria e entre a anorexia e a psicose.[2]

A hipótese que pretendo demonstrar neste texto é que a clínica psicanalítica da anorexia e da bulimia, certamente a partir das vivências transferenciais, coloca em evidência que, nesses casos, a problemática da indiferenciação com a figura materna apresenta a particularidade de se anunciar como indiferenciação entre o próprio corpo e o corpo da mãe. *Um corpo para dois*, como tão bem salientou McDougall (1986) ao afirmar que certos pacientes vivem "de modo intenso, às vezes cruel, a impossibilidade, e mesmo a interdição fantasmática de se individualizar, de abandonar o corpo-mãe, criando assim um corpo combinado no lugar do corpo próprio, corpo-monstro que a psique tenta fazer 'falar'" (p. 24).

---

2 Cf. meu artigo "O corpo recusado na anorexia e o corpo estranho na bulimia" (Fernandes, 2010).

Buscando precisar essas estratégias sintomáticas, McDougall (1978) já havia chamado a atenção para a implicação do corpo nelas. Segundo essa autora, tal implicação

> *não é nem uma comunicação (neurótica) nem uma recuperação (psicótica), tem a função de um ato, de uma descarga que provoca um curto-circuito no trabalho psíquico. É nisso que a somatização assemelha-se aos atos-sintomas, como as adicções (bulímica, tabagista, alcoolista, medicamentosa etc.), certos desvios sexuais e certas neuroses caracteriais. Desvela-se aqui uma carência na elaboração psíquica e uma falha de simbolização, as quais são compensadas por um agir de qualidade compulsiva, visando assim reduzir pelo caminho mais curto a dor psíquica. (p. 162)*

Essa aproximação entre somatização e adicções vem ganhando força na teorização psicanalítica a respeito da anorexia e da bulimia, pois permite melhor compreender o efeito defensivo da hiperatividade e a ampla adesão dessas jovens aos exercícios físicos exaustivos.[3]

Indo nessa direção, McDougall (1978) explicita:

> *Todo* ato-sintoma *ocupa o lugar de um sonho jamais sonhado, de um drama em potencial, em que as personagens têm o papel de objetos-parciais, ou são mesmo*

---

3 A esse respeito, remeto o leitor às contribuições de Brusset, particularmente aos seus artigos: "L'addiction anorexique à la marche et le travail psychanalytique: le cas de Sônia" (1998a) e "Psicopatologia e metapsicologia da adicção bulímica" (2003a), e ao texto de Décio Gurfinkel "A comilança: uma paixão oral" (2011).

> *disfarçadas de objetos-coisas, na tentativa de atribuir aos objetos substitutivos externos a função de um objeto simbólico que falta ou que está estragado no mundo psíquico interno (o alimento ou a droga como resposta à depressão; o fetiche ou a conduta de fracasso como resposta à angústia de castração). Assim, a exteriorização no agir esconde uma história relacional e passional cujos fins são petrificados em um ato alienante, mas cuja leitura é possível. (p. 162)*

Afirmar que a leitura desses *atos-sintomas* é possível implica acolher, no interior da psicanálise, as diversas formas psicopatológicas que denunciam a precariedade dos processos de simbolização. Em tais formas, a leitura do sintoma requer, ao mesmo tempo, a construção de um texto no qual a história do sintoma possa ser, simultaneamente, construída e contada. Trata-se da criação de histórias, lá onde morava o silêncio. A função do analista assemelha-se aqui à da mãe contadora de histórias na beira da cama da criança, antes que o sono venha embalar as imagens, os sons e os desejos que irão possibilitar a criação do texto do sonho.

A mãe de extremos

Jeammet (1999), por sua vez, também salientou que o recurso à ação e às sensações físicas - buscadas por essas jovens por meio dos exercícios físicos, da hiperatividade, do empanturramento bulímico, dos vômitos e até da sensação de fome - pode ser compreendida como tentativa de presentificar o objeto. Assim, a "cultura da sensação" é uma tentativa de proteção contra o vazio interno e o risco de perda do objeto. Esse risco se evidencia, como já salientei em outros trabalhos, porque a função de proteção, mediação e libidinização exercida pela mãe não pode ser introjetada pela criança, restando ao sujeito recorrer à incorporação do objeto.

É graças à amplitude dessa função materna, que vai além da função de alimentar o bebê, que a criança adquire conhecimento de seu corpo, de suas sensações, de suas necessidades e também de seus afetos. Com o caminhar do crescimento, essa função materna será introjetada pelo bebê e assim irá constituir um objeto interno que, na ausência da mãe, mais tarde, será capaz de assegurar as possibilidades de enfrentar os excessos e adversidades próprias da vida. É assim também que o corpo próprio, em um primeiro momento, objeto do investimento libidinal da mãe, torna-se a seguir objeto de investimento do próprio sujeito.

Se por qualquer vicissitude a mãe encontra dificuldades acentuadas no exercício de suas funções, ou se por qualquer motivo ocorre descontinuidade muito brusca no exercício da função materna, o sujeito encontrará dificuldade no processo de introjeção dessa função. Desse modo, ficará desamparado perante a emergência pulsional e as exigências inerentes ao crescimento e à aquisição da autonomia, próprias do desenvolvimento.

Isso nos permite pensar que se na anorexia e na bulimia, como é frequentemente assinalado pelos psicanalistas, parece que estamos diante de dificuldades significativas na integração das pulsões, acentuadas pela entrada na adolescência, pode-se supor que essas dificuldades devem-se justamente ao fracasso da constituição da introjeção. É assim que, diante do fracasso da introjeção da função materna, o sujeito fica à mercê da necessidade de incorporar o objeto.[4]

4 Cf. o quinto capítulo ("A função alimentar: além do princípio do prazer") do meu livro *Transtornos alimentares: anorexia e bulimia* (Fernandes, 2006a), no

A incorporação seria, portanto, uma defesa diante do fracasso da introjeção. O processo de introjeção se inicia – conforme dirá Török – pela experiência simultânea de boca vazia e presença materna no começo da vida, o que confere ao modelo da oralidade a primazia e o fundamento do processo de constituição do sujeito.

Se a mãe responde a toda demanda afetiva da criança por meio da alimentação, esta fica impossibilitada de perceber suas necessidades corporais que serão, então, percebidas, reconhecidas e integradas de maneira inadequada. Assim, salienta Török (1972):

> *A passagem da boca plena de seio à boca plena de palavras se efetua através das experiências de boca vazia. Aprender a preencher de palavras o vazio da boca, eis aí um primeiro paradigma da introjeção. Compreende-se que ela só pode operar com assistência constante de uma mãe, ela mesma possuidora da linguagem. Sua constância – como aquela do Deus de Descartes – é a garantia necessária da significação das palavras. Somente quando essa garantia é adquirida, é que as palavras podem substituir a presença materna e dar lugar a novas introjeções. (pp. 262-263)*

Mais adiante, Török insiste ainda:

> *Introjetar um desejo, uma dor, uma situação, é fazer passar pela linguagem numa comunhão de bocas vazias. É assim que a absorção alimentar, propriamente dita, torna-se introjeção no sentido figurado. Operar*

qual, ao propor uma discussão a respeito das vicissitudes da identificação primária, ressalto o interesse na diferenciação entre introjeção e incorporação.

> *essa passagem é saber que a presença do objeto cede lugar a uma autoapreensão de sua ausência. (p. 263)*

Nota-se, desse modo, que a autoapreensão da ausência do objeto é precisamente aquilo que garante a certeza reasseguradora de sua presença.

É justamente nessa passagem que situo a dificuldade de diferenciação dessas jovens, quanto à figura materna. Assim, as perturbações do investimento materno e a precariedade da função materna introjetada pelo bebê perturbam a construção da imagem corporal, que inclui a percepção, a representação e a experiência interna do corpo próprio; porém, o excesso de investimento materno também perturba essas vivências. A mãe intrusiva é tão nociva quanto a ausente, denotando assim os efeitos nefastos da mãe de extremos.

Como tão bem salientou Winnicott, no início da vida, tudo que o bebê precisa é de uma mãe capaz de mantê-lo na ilusão de serem ambos uma só pessoa. É isso que lhe permitirá digerir o alimento, eliminá-lo, dormir, acordar e, dessa forma, recomeçar novamente a cada dia. A garantia dessa continuidade, enfatiza por sua vez McDougall (1986), tornará possível "à unidade mãe-filho diferenciar-se, pouco a pouco, em uma mãe e um filho" (p. 16). Esse processo de diferenciação vai depender também das condições psíquicas da mãe, de suas próprias representações da maternidade, de sua possibilidade de acolher as necessidades fusionais de seu filho tanto quanto seus anseios de diferenciação.

Entretanto, salienta ainda McDougall (1986),

> *certas mães sentem seu bebê como um corpo estranho a elas mesmas. Outras, ao contrário, não querem de forma alguma abandonar essa unidade fusional*

> *mãe-bebê. Nos dois casos, a criança corre o risco de achar bem difícil a aquisição desse sentimento de sua identidade separada, que lhe dá, ao mesmo tempo, a posse de seu corpo, de suas emoções e de sua capacidade de pensar. (p. 17)*

Fica claro que, tanto em um extremo como no outro, o bebê corre o risco de se desenvolver preso na impotência e na dependência desse objeto primário. A mãe de extremos produz, assim, efeitos nefastos que irão dificultar para o sujeito o processo de apropriação de si mesmo.

Um corpo compartilhado

Ao contar a sua experiência como supervisora de uma equipe ambulatorial de atendimento a jovens anoréxicas e bulímicas, Camargo (2003) enfatiza:

> *O denominador comum nas histórias de nossas pacientes é o desejo invasivo da mãe. . . . Geralmente são relações em que o desejo materno acaba se impondo e tomando posse do corpo e do desejo da filha. . . . A luta é de amor e ódio e, com a impossibilidade da separação, mãe e filha ficam aprisionadas e fusionadas: "Vejo no espelho o corpo de minha mãe". (pp. 117-118)*

Nesses casos, separação e diferenciação, insiste Camargo (2003), evocam angústias de morte:

> *Tudo fica registrado no corpo e não há possibilidade de representações. . . . O corpo começa a ser o reduto*

> *do "não" à mãe. . . . O conflito se estabelece: querer e não querer separar-se da mãe. Querer pode significar a morte da mãe; não querer pode ser sua própria morte. A combinação do desejo invasivo da mãe e a "fantasia primordial de fazer um com a mãe-universo" resulta, então, mortífera. (pp. 118-119).*

Ao salientar que o corpo torna-se o reduto do não à mãe, Camargo (2003) chama nossa atenção para o discurso dessas mães:

> *Qualquer movimento de independência é vivido como declaração de morte: "Eu prefiro minha filha morta do que namorando..."; "Eu disse pra ela que o dia em que sair de casa não precisa voltar. É para nunca mais"; "Se você for estudar fora eu vou morrer". A luta é de vida ou morte. A sobrevivência de uma exclui a da outra: se prevalece o desejo da mãe a criança morre, enquanto ser desejante, e vice-versa. Não há saída. (p. 119)*

Isso ilustra bem que a dificuldade de separação e diferenciação dessas jovens encontra um correlato eloquente na dificuldade que essas mães têm de se separar de suas filhas.

Referindo-se à relação mãe-filha na anorexia, Bidaud (1998) qualifica esse vínculo de *laço demetriano* ao evocar o mito de Deméter e Perséfone, e chama a atenção para a amplitude da despossessão do espaço interno dessas jovens, caracterizando essa despossessão como algo que toca justamente o corpo, o afeto e o pensamento:

> *As pacientes anoréxicas evocam este sentimento de* despossessão do espaço afetivo: *"Era como se eu só*

> *sentisse a felicidade, o entusiasmo, a tristeza através dela", ou de* despossessão do espaço de pensamento: *"Tenho a impressão de que ela sabe sempre o que estou pensando, que é impossível que eu possa ter uma ideia realmente minha", mas* também do corpo próprio: *"Sinto minha mãe mexer-se em mim... é ela que sinto, não é o meu corpo". (Bidaud, 1998, p. 82, grifos meus)*

Fica evidente aqui que a indiferenciação sujeito/objeto assume, sobretudo na anorexia, contornos dramáticos, ao traduzir a amplitude da despossessão de si triplamente evidenciada na despossessão do corpo, do afeto e do pensamento.

Bidaud (1998) afirma que, nesses casos, a constatação de que

> *a intimidade que sofreu um arrombamento remete à sedução exercida pela presença materna. Assim, os cuidados corporais maternos prolongaram-se com frequência na história das jovens anoréxicas, às vezes até a adolescência. "Não há fechadura na porta do banheiro", diz-nos uma paciente. "Mamãe já tinha proibido quando éramos crianças, temendo que nos trancássemos nele. Ela queria sempre saber o que estava acontecendo ali. Hoje, quando estou fazendo minha toalete, ela nunca me deixa só. Ficaria muito infeliz se eu lhe dissesse para sair. Ela fica me olhando, ou me ajuda, por exemplo, a esfregar as costas. Também pode tomar banho comigo". A intrusão sedutora, como um "olho indecente", vem da ausência de limites ao olhar da mãe, que fixa a filha como objeto incestuoso. (p. 82)*

Vale a pena salientar aqui dois aspectos: primeiro, o fato de que esse olhar intrusivo da mãe é dirigido, muito frequentemente, ao corpo da filha, que nessa ocasião já apresenta contornos nitidamente femininos. E segundo, não se pode deixar de notar que a tentativa dessas jovens de colocar um limite à mãe esbarra numa espécie de reação depressiva por parte desta, o que torna ainda mais delicada essa tarefa. É muito mais difícil interditar uma mãe hiperdisponível, entristecida e infeliz.

Indo nesta direção, Holcberg (2001) chama a atenção para o fato de que a relação mãe-filha aponta para um laço de intimidade da ordem do traumático:

> *O que se torna traumático nessa relação é justamente essa presença integral e invasiva da mãe na vida da filha. . . . O corpo erógeno, pulsional, não é propriedade privada da filha, é algo compartilhado com a mãe, como se a mesma casa tivesse dois donos. (p. 103)*

Assim, continua a autora: "Penso que a anoréxica tenta apaziguar um corpo pulsional, pois ela não sente esse corpo como exclusivamente seu" (p. 106). A partir daí, fica mais fácil compreendermos o impasse no qual se encontram essas jovens: não podem perceber-se sem a mãe e, ao mesmo tempo, desejam intensamente separar-se dela.

Essa excessiva proximidade da mãe dificulta assim a experiência do vazio que daria lugar ao pensamento, isto é, não permite a experiência da ausência, fundamental para o processo de simbolização. Como diz Bidaud (1998):

> *A interioridade é aquilo que se arranja pelo espaço vazio deixado pela perda do objeto primordial. Se a mãe*

> *se dedica a tamponar o vazio, a escondê-lo, mantendo seu filho como objeto exclusivo de seu desejo, este não poderá elaborar o vazio. (p. 91)*

É a mãe que, no exercício de sua função materna, permite ao bebê a construção gradativa das categorias do tempo e do espaço, a distinção entre dentro e fora, vazio e cheio. Possibilitar a experiência do vazio supõe, então, a capacidade da mãe para introduzir intervalos de tempo entre a necessidade de seu bebê e sua resposta. A sua sensibilidade em ajustar esses intervalos às condições do bebê de suportá-los possibilita a construção secreta e tranquila do espaço para a solidão e para o pensamento. É essa sensibilidade da mãe no ajuste dos intervalos entre presença e ausência que irá garantir o equilíbrio narcísico do sujeito, guardião da possibilidade de diferenciação e autonomia.

Puberdade e adolescência feminina

A puberdade e a adolescência, por suas próprias características, vão colocar em evidência justamente a problemática da diferenciação e, consequentemente, da autonomia, que tem suas raízes, conforme vimos, nas relações iniciais do bebê com a mãe.

Pode-se dizer que a adolescência é um momento privilegiado na constituição do sujeito, pois amplia a relação deste com o mundo e suas exigências crescentes e absolutamente novas. Diferentemente da criança, o adolescente não precisa somente agradar aos pais e a seu universo familiar e escolar, ele precisa agradar lá fora, no espaço social, às outras figuras de idealização e aos próprios pares. Por isso é tão importante para o adolescente ser popular. O conflito habitual dessa fase é entre uma nostalgia do passado e um desejo de se lançar no mundo. Evidencia-se aí uma espécie de morte da relação infantil, particularmente com a mãe, e as referências identitárias vão ser dadas pelo grupo, pela turma, pela "tribo". Tem-se aí toda a envergadura do trabalho psíquico que será exigido do adolescente, que terá de se apoiar no social para ascender a essa nova ordem simbólica.

Se trazem exigências e modificações no mundo externo do sujeito, a puberdade e a adolescência também carregam mudanças significativas no interior e no exterior do corpo. As transformações corporais, vindas de dentro, atualizam-se na exterioridade do corpo do adolescente. Essas modificações vão lentamente assinalando a transformação do corpo infantil no corpo adulto. Não é sem sobressaltos e receios que essa passagem acontece; as mudanças são ora aceleradas demais, ora lentas demais para as expectativas e anseios do jovem. No silêncio do quarto, o espelho é adorado e temido. No tumulto de fora, o olhar do outro é espelho implacável, capaz de dignificar o corpo ou abandoná-lo à própria sorte. Uma prova disso é o excesso de peso, comum nos adolescentes, a constatação de altos níveis de colesterol entre os jovens, sem falar nas dietas radicais para emagrecer, particularmente presentes na vida das meninas.

O corpo adolescente, pelas mudanças hormonais pelas quais passa, está exposto, desde a puberdade, à intensidade pulsional própria dessa fase. Essa intensidade produz modificações que são, muitas vezes, surpreendentes para o jovem, que tem de haver-se com sensações corporais inquietantes, não só pela intensidade, mas também pela novidade que representam. A partir daí não é difícil compreendermos que a puberdade e a adolescência sejam períodos favoráveis ao aparecimento de desequilíbrios psicopatológicos diversos, dentre eles a anorexia e a bulimia.

Se essas patologias tendem, com mais frequência, a eclodir na adolescência, é porque é nessa fase que aumenta a demanda pulsional, os perigos que vêm do interior do corpo. É preciso ter introjetado a função materna em toda a sua amplitude para poder lidar com o excesso pulsional e as exigências externas. É assim que podemos também compreender que essas patologias não são expressão sintomática exclusiva das meninas: elas acometem também os meninos, pois, conforme vimos, seu fundamento se encontra na relação do sujeito com o outro. Porém, se por um lado, a literatura psicanalítica salienta que o traço comum nessas patologias é a dificuldade de integração das pulsões que emergem com a puberdade, tornando inelaborável a sexualidade genital adolescente – o que explicaria perfeitamente sua manifestação tanto em meninas quanto em meninos – por outro, não se pode negar sua nítida prevalência entre as meninas.

Jeammet (1985), ao caracterizar as patologias da adolescência sob o traço comum de patologias da ação, diz que a anorexia e a bulimia estão para as meninas assim como a toxicomania e as condutas de retraimento estão para os meninos. Cabe, então, formularmos aqui algumas questões: será que a elaboração dessa sexualidade genital na adolescência seria mais difícil para a menina do que para o menino? Será que essa passagem do corpo infantil ao corpo adulto seria mais complexa na menina do que no menino? O que permitiria compreender essa nítida prevalência da anorexia e da bulimia entre as jovens de nosso tempo, alvos privilegiados de uma cultura *light* que fetichiza o corpo para melhor controlá-lo?[5]

---

5 A participação do fator cultural na eclosão dos quadros de anorexia e bulimia foi objeto de discussão crítica no primeiro capítulo do meu livro *Transtornos alimentares: anorexia e bulimia* (Fernandes, 2006a). Em trabalhos posteriores, dediquei-me a refletir sobre a relação entre psicopatologia e cultura, particularmente no que diz respeito ao mal-estar feminino na atualidade. Ao leitor que se interessar, remeto aos meus artigos: "A mulher-elástico" (Fernandes, 2006b), "As mulheres, o corpo e os ideais" (Fernandes, 2008) e "Le corps fétiche: la clinique miroir de la culture" (Fernandes, 2009).

Os impasses evidenciados na psicopatologia contemporânea não se cansam de nos apontar as vicissitudes e a complexidade da relação do sujeito com seu próprio corpo. Não é de hoje que a psicanálise aponta a importância da relação pré-edípica com a mãe na construção do corpo; cabe, então, neste momento, tentarmos aprofundar nossa reflexão sobre as particularidades dessa relação quando se trata da menina.

Vimos que a adolescência é em si uma exigência de trabalho psíquico, porque requer o gerenciamento das pulsões e ainda a elaboração de um luto dos objetos primários. Trata-se de uma espécie de desilusão gradual, um trabalho que envolve necessariamente o desencanto das imagos parentais idealizadas da infância. No caso da menina, esse luto parece ser uma operação complexa e delicada, pois o objeto primário é ao mesmo tempo um duplo de si, o que assinala ao luto desse objeto a característica de constituir, numa certa medida, um luto de si mesma. É talvez aí que podemos constatar e, consequentemente, compreender melhor, que a dimensão narcísica em sua contradição com a dimensão objetal desempenha papel central nessas patologias.

A perda no domínio da vida pulsional – à qual se refere Freud para pensar a melancolia – talvez encontre na anorexia seu correlato na frequência com a qual essas meninas deixam entrever a vivência de uma decepção, uma espécie de desencanto, seja diante delas próprias, seja em relação aos pais, particularmente em relação à figura materna. Essa decepção parece traduzir o encontro dramático entre os ideais de perfeição e o confronto com a realidade humana – delas próprias e dos outros – que o próprio desenvolvimento impõe. Elas parecem de fato enlutadas; então cabe nos perguntarmos: de que perda se trata? Trata-se da perda da mãe pré-edípica? Trata-se da perda do corpo infantil?

Se a entrada na adolescência implica, para o menino e para a menina, uma espécie de perda do primeiro objeto de amor (a mãe), no caso da menina essa perda é, ao mesmo tempo, objetal e narcísica. Isso pode assinalar ao luto da menina características mais complexas. Compreende-se melhor aí que, atingindo em cheio o domínio do ego ideal, essa perda representa, ao mesmo tempo, uma perda do objeto de identificação que é a mãe para a menina, o que se deixa entrever particularmente na relação com o corpo. O luto que a menina precisa realizar é nada mais nada menos que o luto do objeto primário. Luto impossível, fadado sempre a fracassos, mais ou menos importantes. No entanto, na adolescência feminina a especificidade que se evidencia é que para a menina a transformação de seu corpo, que tem início na puberdade, reflete sua semelhança com o corpo materno.

A captura no laço dual

Na literatura psicanalítica sobre a anorexia e a bulimia tem sido assinalada ainda a dificuldade da entrada do pai na dualidade mãe-filha. A partir do relato de um caso clínico de anorexia em uma garota de 12 anos, Gorgati (2002) conta que, passados alguns anos da eclosão do quadro, a jovem formula uma compreensão de seus sintomas como um "protesto contra crescer". Escreve a autora: "Manter o corpo congelado no tempo, sem formas femininas, era sua saída" (p. 117). A partir daí, Gorgati vai enfatizar as questões pré-edípicas, assinalando a dificuldade da entrada do pai na dualidade mãe-filha:

> *A aliança e o combate entre mãe e filha fazem um cordão de isolamento entre elas e o mundo. O pai é um objeto-esboço que serve para confirmar a fidelidade do relacionamento com a mãe. . . . Resulta daí o feminino*

> *congelado, que se constrói até certo ponto e suspende o passar do tempo. (p. 119)*

De fato, é pela identificação paterna que a filha escapa ao conluio narcísico com a mãe, permitindo a realização da passagem da menina para a mulher. Na problemática dessa passagem, ressalta Bidaud (1998), "a menina conhece um destino de uma intensidade de vibração diferente daquela do menino" (p. 85). Se o menino se desvia do seu primeiro objeto de amor quando percebe que a mãe é desprovida do órgão que ele possui, esse afastamento ocorre envolto, segundo Bidaud, em "um sentimento intenso de triunfo" (p. 86); o mesmo não ocorre com a menina. Esta se afasta da mãe a partir do reconhecimento de que algo falta a ambas: a ela e à mãe. Não há aí sentimento de triunfo, mas uma espécie de derrota. Freud nos indica que a menina se afasta da mãe sob o signo da hostilidade; portanto, a ligação primária com a mãe termina em ódio.

Assim, assinala Bidaud (1998):

> *O laço de domínio é, em certa medida, reforçado negativamente pela força do ressentimento. Se, além disso, a inveja subsequente do pênis permite à menina separar-se da mãe, voltando-se para o pai, é sob a condição de que este tenha lugar no desejo da mãe. O falo, que representa, na origem, o poder da mãe, é transferido para o pai. Isto significa que a questão do desnodulamento do laço filha-mãe não é superponível àquela que concerne ao filho e à mãe. (p. 86)*

Bidaud vê na impossibilidade dessa passagem do falo – da mãe ao pai – o elemento central da problemática anoréxica, pois essas jovens permanecem capturadas no domínio da mãe-fálica.

Assim, para Bidaud (1998), a insuficiência de limite interno entre mãe e filha não permite a inscrição de duas interioridades distintas, porque a função fálica do pai é desvalorizada: "Em última instância ela não é nada. Numa forma elíptica, poderíamos dizer que, se para a mãe da histérica os homens são porcos, a da anoréxica declara que eles não servem para nada" (p. 89). Neutralizado na sua função por uma mãe que o desvaloriza, o pai não consegue desempenhar seu papel mediador e estruturante na diferenciação mãe-filha, deixando essas jovens aprisionadas no laço dual com a mãe.

Desse modo, não podem contar com a possibilidade de apoiar-se no suporte paterno para administrar a ligação naturalmente ambivalente com a mãe, ficando, então, aprisionadas a uma imago materna ideal e onipotente. Assim, a dificuldade de diferenciação da figura materna ameaça de dentro a integridade do eu, solicitando estratégias psicopatológicas para garantir a sobrevivência psíquica. Parece que a má diferenciação sujeito/objeto toma aqui toda a sua medida.

> *Assim se explica que a distância sujeito-objeto não seja encontrável; longe demais ou perto demais, em excesso ou insuficiente, bulimia ou anorexia – a saciedade imediata ou nunca mais. Colar na mãe é estar ao abrigo da intrusão assim como do abandono, ao preço da perda do sentimento do limite. (Bidaud, 1998, p. 58)*

É na adolescência, então, que essas patologias podem surgir como solução conciliatória entre a dependência infantil e a tentativa de diferenciação e de autonomia. O corpo emerge como palco de um conflito: querer e não querer separar-se da mãe.

Por mais de uma vez salientei a dimensão de proteção, de salvaguarda psíquica, presente na saída anoréxica e bulímica; porém, como entender o paradoxo que subjaz à ideia de que uma mesma função possa, a um só tempo, proteger e pôr em risco a vida do sujeito? Na verdade, ela só pode ser pensada como função de proteção negativa, visando conservar, a todo custo, uma certa condição psíquica, a saber, possibilitar a essas jovens *uma proteção contra a intrusão materna, uma defesa contra a fusão com a mãe, enfim, uma condição psíquica que parece representar uma tentativa de diferenciação da figura materna.*

Tal mãe, tal filha...

Então, para avançar um pouco mais nossa reflexão sobre as vicissitudes da relação mãe-filha, particularmente na anorexia e na bulimia, deveríamos ainda nos perguntar, o que é para uma mulher ter uma filha? O que se passa nesse universo nebuloso, pleno de encantamento, rivalidade e inveja, que faz desta uma relação tão delicada?

Ora, se a relação das mães com seus meninos é uma relação apaixonada, plena de descobertas e de encantamento pela diferença, a relação com suas filhas, igualmente apaixonada, é plena de redescobertas, reencontros inusitados, expectativas aumentadas. Não se pode deixar de pensar que o menino não é implicado da mesma forma que a menina na vertente narcísica do investimento da mãe nele. Temos aí uma *complexidade funcionando em espelho*: por um lado, o investimento da mãe na filha carrega forte componente narcísico da parte da primeira; por outro lado, a menina não reencontrará mais tarde, no amor de um homem, a reedição dessa primeira relação objetal. A perda da menina é definitiva; mais adiante não há promessa de reencontro do mesmo, nem parecido, o que virá está para ser inventado, construído. Talvez isso explique um pouco da queixa feminina na relação com os homens. Inútil esperar reencontrar no homem aquela familiaridade do começo; tudo é estranheza, diferença e criação. Se tudo tiver caminhado mais ou menos bem no início da vida com a mãe, a menina usará o material construído a partir dessa relação para edificar as bases da criação dessa outra história.

A puberdade anuncia a promessa dos encantos femininos no corpo da menina. Fazendo-se bonita e sedutora, a menina busca desenvolver suas qualidades femininas para suplantar a mãe aos olhos do pai. Intervém aí um duplo olhar: do pai e da mãe. O olhar do pai deve ser capaz de assegurar-lhe o êxito na empreitada feminina, legitimando seus esforços e confirmando suas capacidades de agradar aos homens. É o olhar sedutor do pai que, submetido à interdição do incesto, pode refletir para a menina a imagem exitosa de uma mulher que agrada a ele e, portanto, aos homens. Porém, para que a menina possa aceitar esse olhar do pai, permitir-se ver a sua imagem refletida nos olhos dele, é preciso que tenha podido rivalizar com a mãe.

Dolto (1984) salienta que:

> *As menininhas que aceitaram, no momento da castração primária, aos três anos, o remetimento de sua vida sexual para a nubilidade, mas que foram convencidas do valor de sua pessoa enquanto menina de tal homem e de tal mulher, estas jovens têm raramente – nunca vi algum caso desse tipo – anorexia. . . . Com pudor, mas sem vergonha de si mesmas, elas ficam felizes por se mostrarem com atributos e atrair os olhares de outro quando seu corpo se desenvolve e elas se tornam moças. Elas rivalizam com as outras meninas sem culpa. (p. 291)*

A possibilidade de se colocar em rivalidade com a mãe é o que vai permitir às meninas rivalizar com as outras meninas sem culpa. Poder rivalizar com a mãe é resultado de laborioso processo na construção desse tornar-se mulher, que implica, essencialmente, a diferenciação da figura materna.

Referindo-se à anorexia, Dolto (1984) enfatiza que se trata de uma

> *perturbação das relações reais entre a menina e sua mãe, entre a menina e o alimento, entre a menina e seu pai, entre sua feminilidade imaginária e sua inexperiência com os meninos, entre a menina e seu espelho. Engordar, palavra inconscientemente relacionada àquela da gravidez, perigosa para a estética de uma jovem que quer seduzir: isto, supostamente a impediria de agradar.* Mas é sobretudo a ela mesma no espelho, a ela mesma em seu próprio olhar, que ela quer agradar, apagando todos os contornos arredondados femininos de seu corpo, até mesmo os mais discretos. *(p. 293, grifos meus)*

Cabe aqui nos perguntarmos: por que a menina agradaria a ela mesma "apagando todos os contornos arredondados femininos de seu corpo"?

Continuando, Dolto afirma ainda:

> *Seu problema está enraizado em um conflito de amor e de desejo frente ao pai, e em um conflito de feminilidade rival com a mãe, cujo filho permaneceu como um bebê-gato: a mãe, certamente, preocupa-se com ela, mas nunca a considerou verdadeiramente como*

> *uma jovem indo-advindo mulher*. O narcisismo da jovem é pego em um "mercado de enganos". *(p. 293, grifos meus)*

Embora permaneça ancorada no modelo neurótico – o que, aliás, é bastante pertinente para nos permitir lidar, na clínica, com os sintomas anoréxicos e bulímicos das jovens histéricas da atualidade – essa autora chama atenção aqui para o fato de que o "narcisismo da jovem é pego em um 'mercado de enganos'", na verdade porque a mãe não pode reconhecer nela uma menina que se tornará, de fato, uma mulher.

Já desde 1903, Pierre Janet, enfatizando os comportamentos obsessivos de sua célebre paciente, Nadia, salienta a vergonha do corpo que fazia com que a jovem se vestisse como um menino. No entanto, Janet salienta que isso "não significava uma inversão sexual", ou melhor, o desejo de ser um menino, mas antes "o desejo de erradicar o sexo e de não ter corpo algum".[6] Embora Freud, contemporâneo de Janet, tenha particularmente enfatizado a repugnância pelos alimentos na anorexia e Janet tenha assinalado mais a recusa a comer, ambos parecem atribuir a "falta de apetite" da anoréxica a uma tentativa de manter seus corpos pequenos, magros e infantis.

Em busca do corpo próprio

Isso já nos permite desconstruir uma ideia amplamente difundida na literatura psicanalítica. A observação clínica do esforço dessas jovens, em particular das anoréxicas, de apagamento das formas

---

6 Cf. *Les obsessions et la psychasthénie*, de Pierre Janet, publicado em 1908.

do corpo, por meio do emagrecimento excessivo, levou vários autores a ressaltar a recusa da feminilidade nessas jovens.

A meu ver, não se trata de uma recusa da feminilidade, mas precisamente de *uma recusa da feminilidade da mãe*. Assim, à pergunta colocada anteriormente – por que a menina agradaria a ela mesma "apagando todos os contornos arredondados femininos de seu corpo"? – podemos responder: para poder diferenciar-se da mãe. Ao referir-se ao ideal de magreza dessas jovens, Brusset (1999) afirma: "O corpo é ainda mais inaceitável em sua feminilização quando esta o torna idêntico ao da mãe, reativando uma indiferenciação desejada e insuportável" (p. 56). O objetivo dessas jovens não me parece, então, ser um ataque ao feminino, mas antes uma tentativa de diferenciação, *a busca de uma feminilidade outra*, a configuração da própria identidade. Essa busca assume contornos dramáticos, evidenciados pela gravidade dos sintomas, particularmente na anorexia, pois a pressão do conflito dependência *versus* independência esbarra, conforme já vimos, na precariedade das bases narcísicas.

Recusa e clivagem ganham, assim, a preferência dos mecanismos de defesa que são solicitados para administrar a demanda pulsional e tentar prosseguir no processo de diferenciação da figura materna em direção à busca de autonomia solicitada pela entrada na adolescência e pela consequente ampliação do universo infantil. Fica mais clara aqui a amplitude dessa recusa se pensarmos que o apagamento de todos os contornos do corpo da jovem anoréxica por meio do emagrecimento assustador *não representa uma recusa da feminilidade, mas sim uma tentativa de congelar o tempo, recusando sua passagem, a finitude da morte e a falta do objeto.*

Quando o tempo perde sua temporalidade, isto é, quando se perde a dimensão de contínua passagem experimentada na simples sucessão de um dia após o outro e uma noite no meio, o sujeito faz uma viagem cujo destino, sugere Balasc (1990), "o captura como um ímã". Esse sujeito, diz a autora, "nem homem, nem mulher, é como um personagem queimado que deveria se dissolver nas paisagens do céu, da poeira e do deserto. A economia psíquica permaneceu em um sistema de sobrevivência, apoiada por um substituto materno" (p. 61). Essa impossibilidade de viver o tempo como um trajeto, tão facilmente observada nas jovens anoréxicas e bulímicas, evidencia *uma espécie de imobilidade psíquica que parece traduzir o desencanto dessas jovens: nada pode mudar, nada pode alterar-se, nada pode passar.*

Continuando nessa direção, Balasc (1990) escreve: "O sujeito está ancorado em um passado que não se mexe, como se o passado fosse um monumento, um instante enorme que preenchesse o horizonte e não deixasse lugar para o presente, menos ainda para o futuro. *O tempo é congelado*" (p. 60, grifos meus). A imobilidade do passado o caracteriza como um monumento, algo que permanece intocado e imutável, que se pode, no máximo, olhar, jamais tocar e menos ainda transformar. A partir daí fica mais fácil compreendermos a desesperança dessas meninas: *presas na imobilidade do passado: é o tempo que não pode passar, que não pode existir no presente e nem ser sonhado no futuro.*[7]

Ao se referir à anorexia, Ranña (1996) também chama a atenção para a emergência, nesses casos, de um jogo com a temporalidade

---

7 A questão da temporalidade e sua relação com a oralidade tem sido trabalhada de forma bastante interessante por Aline Gurfinkel em seus trabalhos a respeito da relação entre fobia e distúrbios alimentares. Esses trabalhos têm contribuído, de forma original, para uma distinção metapsicológica entre a fobia alimentar e a anorexia e a bulimia ao salientar o lugar estratégico da angústia e sua relação com a sexualidade feminina nesses quadros clínicos [cf. "Sexualidade feminina e fobia" (Gurfinkel, 2001), "A angústia: pensando as fobias em mulheres" (Gurfinkel, 2002) e "A fobia alimentar: angústia, feminilidade e oralidade" (Gurfinkel, 2003)].

e com a morte, salientando que essas jovens "ao negarem o corpo adulto, regridem para uma posição onipotente, negando o tempo e a morte e rejeitando assim a identificação com o corpo materno adulto" (p. 176). A meu ver, pode-se compreender essa rejeição da identificação com o corpo materno, da qual fala Rañña, como uma tentativa de diferenciar-se da mãe, *uma tentativa de construir um corpo próprio*.

Assim, segundo a minha hipótese, o corpo desencarnado da anoréxica ergue-se, então, como um monumento do *não*, dirigido à mãe na sua intrusão, na sua sedução e na sua dominação. É, nesse sentido, um monumento em carne e osso, imagem que marca a diferença com o corpo da mãe. A intensidade do perigo que requer defesas tão poderosas parece estar diretamente ligada à dificuldade de diferenciação da figura materna que solicita, de forma eloquente, a recusa da passagem do tempo, da vulnerabilidade inerente à existência humana, e da necessidade do objeto.

Portanto, a recusa da realidade do corpo próprio nessas jovens abriga na verdade uma tripla recusa: da morte, do tempo e do outro. Uma recusa que, estampada no corpo, busca neutralizar sua própria realidade, no que esta tem de erótica e de mortal.[8] Se houvesse uma recusa da feminilidade, seria preciso que esta tivesse sido alcançada para, então, poder ser recusada. A meu ver, a parada no desenvolvimento dessas jovens – para usar uma expressão de Törok – deu-se antes: ainda não foi possível a travessia da menina para a mulher.

---

8 Cf. meu artigo "O corpo recusado na anorexia e o corpo estranho na bulimia" (Fernandes, 2010).

Questionamentos clínicos: idealizações e possibilidades

> *. . . tu caíste do ninho*
> *és um passarinho de garras amarelas*
> *e olhos grandes e fazes-me pena*
> *(a minha mão é larga demais para ti)*
> *e tiro com o dedo uma gota da fonte,*
> *e fico à escuta se tu a sorves sedento,*
> *e sinto bater o teu coração e o meu*
> *e ambos de angústia.*
>
> Rilke (1983)

Na clínica, fica evidente que essas jovens demonstram marcada dependência afetiva de suas mães, que funciona como substrato para a incômoda sensação de que suas ações são apenas respostas à demanda do outro. É como se elas, não identificando seus próprios desejos, não conseguindo diferenciá-los do desejo de suas mães, não experimentassem a sensação de se conduzir por si mesmas. O obstinado programa de regime das anoréxicas, contra tudo e contra todos, parece muitas vezes funcionar como aquilo que elas podem experimentar conduzir por si mesmas, daí o orgulho e o apego a essas estratégias. É interessante notar aqui que a palavra regime contém, em sua etimologia, justamente essa ideia de dirigir.

A esse respeito, enfatiza Scazufca (1998): "a comida, as dietas, o corpo e o peso passam a ocupar um lugar central e único na vida do sujeito, fazendo parte de sua identidade" (p. 23). Essa identidade, porém, parece ancorar-se no vivido corporal em detrimento da atividade imaginária e, principalmente, do contato com os afetos. A função alimentar e a percepção do corpo é que vão, segundo Brusset (1998b), "dar forma concreta e figuração a fantasmas inconscientes, mais clivados e recusados do que recalcados e, eventualmente, ao irrepresentável dos traços mnêmicos das experiências precoces" (p. 222). Não é à toa, então, que a aparente riqueza da atividade fantasmática não pareça favorecer o enriquecimento da atividade imaginativa e relacional. Conforme vimos, essas jovens se apresentam como se estivessem privadas do seu espaço interno, despossuídas de uma interioridade.

É assim que, na situação analítica as anoréxicas, particularmente, em geral se apresentam com gestos neutros e comedidos, podendo ocupar o tempo das sessões com assuntos anódinos ou com interesses culturais específicos, sem que a apreciação pessoal sobre tais assuntos ou que as questões afetivas entrem em linha de conta. Embora tais momentos não deixem de evidenciar a sensibilidade e fineza dessas jovens, eles se encontram sempre marcados pela restrição: dos assuntos, do envolvimento afetivo, do contato. É a sensibilidade e fineza do analista que deve guiá-lo na aridez desse terreno de contato restrito, oferecendo pouco alimento interpretativo, dosando a conta-gotas o que será oferecido.

Scazufca e Berlinck (2004) salientam que Bruch (1973) enfatizou as dificuldades dessas jovens em aderir a uma análise nos moldes tradicionais, na qual a interpretação do analista revela ao paciente aquilo que ele desconhece sobre si mesmo:

> *Isso acaba representando, na transferência, a repetição da relação de dependência do paciente com seus pais, como se ele constatasse algo como: "minha mãe/analista sempre sabe como me sinto". Uma interpretação sobre as dificuldades do paciente, no sentido de denunciá-las para ele, compreendendo como se sente, muitas vezes tem efeitos persecutórios, vindo a confirmar e reforçar o seu senso de inadequação e ineficácia. (p. 93)*

Se algo deve ser interpretado, continuam os autores,

> *é importante que o paciente descubra sozinho e possa falar primeiro. . . . O método terapêutico de Bruch, denominado "uso construtivo da ignorância", tem como principal objetivo estimular o surgimento das capacidades próprias de seus pacientes pensarem por si mesmos. Eles costumam responder bem a esta postura terapêutica, reconhecendo no psicoterapeuta um colaborador e não alguém possuindo segredos a seu respeito. (pp. 93-94)*

No entanto, é com bastante pertinência que Scazufca e Berlinck apontam que o risco da postura de Bruch é justamente evitar

> *entrar em contato com a destrutividade desses pacientes, quando propõe um trabalho no sentido de atenuar seus efeitos. Mas esses pacientes desafiam este tipo de postura, expressa na relação terapêutica pela repetição. Desta forma, faz-se necessário pensar como a vivência da repetição ocorrendo na transferência, a vivência da destrutividade, é fundamental para o tratamento dessas patologias. (p. 94)*

Na clínica da anorexia e da bulimia, a destrutividade assume, muitas vezes, contornos dramáticos, por colocar em evidência a potência da destruição que vem de dentro, do interior do próprio sujeito, mas também por assinalar o potencial destrutivo no interior da transferência. É justamente quando a vivência transferencial começa a movimentar-se, saindo do seu congelamento inicial, que o próprio vínculo com o analista se torna algo potencialmente destrutivo e ameaçador.

Em ressonância com Jeammet, Scazufca e Berlinck (2004) chamam a atenção para o fato de que a busca frenética de sensações, tão frequente nessas jovens, tem como objetivo

> *manter sob controle o objeto pelo movimento permanente de introdução e expulsão e, por conseguinte, o eu, que não suporta perdê-lo. Esta busca de sensações passa a ser caracterizada por um aumento da destrutividade, pois tenta apagar os elos de ligação com o objeto faltante. (p. 99)*

Assim, na relação transferencial, insistem eles, o analista "é investido da mesma forma que o objeto, ou seja, é atacado e solicitado constantemente, numa relação baseada no tudo ou nada" (Scazufca & Berlinck, 2004, p. 101). Esses movimentos transferenciais exigem que o analista crie possibilidades de manejo dessa destrutividade, de contornos nitidamente simbióticos. Nesse sentido, esses autores salientam não apenas a necessidade, em certos casos, mas também a importância do atendimento compartilhado com outro ou outros profissionais: "O tratamento compartilhado tem, assim, a função de mediar a relação dual estabelecida transferencialmente na maioria dos casos com distúrbios da oralidade" (Scazufca & Berlinck, 2004, p. 103).

Brusset (2003b) também insiste nesse aspecto ao referir-se à bulimia:

> *A cura clássica, quando indicada, é possível frequentemente apenas em um segundo tempo ou com arranjos técnicos particulares. Em muitos pontos, o mesmo acontece com as anorexias mentais, os estados-limite e as toxicomanias. . . . Principalmente nas formas graves, a*

> *fórmula considerada de coterapia permite salvaguardar a especificidade do enquadre analítico: se há lugar, os aspectos somáticos, dietéticos e psiquiátricos (quimioterápicos, hospitalizações, interrupção do trabalho) são assumidos por um outro terapeuta. Esse tipo de triangulação oferecido tem, frequentemente, efeitos estruturantes e preserva a continuidade do tratamento nos momentos difíceis, venham eles da paciente ou do meio. Ela tem como condição um entendimento entre os clínicos para que não se deixem manipular e possam manter, não importa o que aconteça, o mesmo eixo. (p. 175)*

De fato, a condição para que o atendimento compartilhado exerça seu benefício é, de um lado, o entendimento mútuo dos profissionais envolvidos, e de outro, a capacidade de cada um deles de se manter rigorosamente ancorado na especificidade de sua própria metodologia. Entendimento e rigor são, a meu ver, as condições para que se possam enfrentar as adversidades ao longo do caminho, sem se perder em expectativas de resultados rápidos, no mais das vezes idealizados.

Ressaltando que o ideal de cura dos profissionais pode ser tão capturante quanto o corpo ideal almejado pelas anoréxicas e bulímicas, Scazufca e Berlinck (2004) denunciam que tal ideal também assola os psicanalistas.

> *É preciso reconhecer: a busca de resultados ideais não acontece somente nos tratamentos centrados sobre o sintoma. Muitas vezes, o psicoterapeuta também exige dos pacientes elaborações e transformações psíquicas que frequentemente eles não conseguem fazer. . . . Outras vezes, o psicoterapeuta nega o encaminhamento*

> *para o médico, imaginando que a transferência de seu tratamento possa ser maculada, deixando de ser ideal. Sendo assim, o tratamento ideal pode transformar-se num obstáculo à escuta em favor de uma obsessão pela cura sintomática do paciente, ou também pela fala do paciente. (pp. 104-105)*

Não se pode deixar de salientar que *um dos obstáculos à escuta do analista é sua representação idealizada dos modelos teóricos disponíveis*, isto é, seu anseio de se conduzir conforme o modelo escolhido. É a adesão idealizada do analista à teoria que o impede de recriá-la *por meio da sua escuta. Se o analista cola na teoria, esta deixa de ter sua ficcionalidade instrumental*, perdendo, como enfatizou Fédida (1978), "a função de ser metáfora em constante trabalho e tecnicamente articulante da vida psíquica na cura" (p. 319).

A situação analítica: espaço e tempo das passagens

Desde os primeiros encontros com essas jovens, o analista pode se ver capturado por um contato que, sob diversos aspectos, é paradoxal, suscitando nele sensações, sentimentos e pensamentos, diversos e contraditórios. A reação contratransferencial que acompanha o atendimento, afirma Holcberg (2002),

> *oscila entre uma ausência de pensamentos e uma enxurrada de interpretações possíveis. É de extrema importância estar atento a essas oscilações contratransferenciais, pois muitas vezes elas são a única maneira de não permanecer capturado pela aridez do relato do paciente. O analista é responsável por manter o campo analítico aquecido e alimentado, ainda*

> *que isso se restrinja à sua própria pessoa, nesse primeiro momento. (p. 133)*

Se, na clínica da anorexia e da bulimia, "manter o campo analítico aquecido e alimentado" é responsabilidade do analista, não se pode deixar de considerar que refletir sobre as vicissitudes do enquadre analítico diante dessas patologias deve necessariamente passar pela abordagem de uma dupla dimensão da questão: a dimensão do que é vivido pelo analista, e a do que é vivido pelo analisando. Além disso, não se pode deixar de salientar que a observação sutil que o trabalho analítico propicia não se restringe ao funcionamento psíquico do analisando, mas sim da dupla, analista e analisando que, afetando-se mutuamente, constrói teorias sobre o funcionamento psíquico mais ou menos generalizáveis, porém dificilmente verificáveis.[9]

A escuta atenta do analista, que ouve com igual interesse tudo que o analisando diz, deixando-se embalar pela sua atenção flutuante, muitas vezes parece representar para essas jovens uma experiência nova, que encanta e assusta. Embora pareça funcionar como alimento narcísico e reparador, essa experiência não está ao abrigo de uma forte ambiguidade, vivida de forma eloquente por meio dos movimentos transferenciais.

Os conflitos entre autonomia e dependência, salienta Fuks (2003),

> *próprios da adolescência, envolvendo objetos com os quais não foi possível estabelecer uma diferenciação clara, renovam e agudizam as angústias de intrusão ou abandono anteriores ao período de latência, fragilizando*

9 Cf. meu artigo "A 'feiticeira metapsicologia'" (Fernandes, 2004).

> *o eu e expondo o sujeito a intensos sentimentos de desamparo, desvalimento e desesperança. Tenta-se anular e compensar essas vivências pela adesão ou fusão com o ideal e o controle onipotente sobre o próprio corpo que repete, por meio de uma inversão passivo-ativo, a relação experimentada com a mãe. (p. 153)*

O controle onipotente sobre o corpo repete a relação experimentada com a mãe e é esta relação que se repete na transferência. Uma relação marcada por ausência e intrusão, desamparo e desesperança, o que exige do analista *delicadeza* e *paciência*: não pode ter pressa.

Assim, a dificuldade de diferenciação da figura materna vai certamente também assinalar a complexidade da condução do processo analítico com essas jovens, em que ficamos, com frequência, suspensos no fio de navalha da presença-ausência. Isto é, tentando equilibrar-nos entre não falar demais, nem de menos. Suspensos por esse tênue e perigoso fio, o desafio para os analistas é de conseguir seguir adiante pensando, criando formas, imagens e histórias que, construindo pontes, permitam a realização da travessia.

Nessa direção, Le Poulichet (1996) salienta que:

> *Além de um simples "tornar-se consciente", as figuras da fantasia no tratamento representam a trama de um "tempo que não passa", que não se torna passado, mas que organiza as passagens. Sem que possam ser, em nenhum momento, apreendidas em sua totalidade, essas passagens são os suportes de um tempo identificante: um tempo de ligação que, realizando-se, transforma os que o percorrem, sem que o saibam. (p. 135)*

Estamos, portanto, diante de mais um paradoxo: se, por um lado, a identificação fantasmática do sujeito com o objeto deve ser removida pelo trabalho da análise, já que causa sofrimentos e passagens ao ato, por outro, é justamente a construção das fantasias transferenciais na análise que seria o único caminho de sua parcial desconstrução. É ao entrar nos tempos da transferência, insiste Le Poulichet (1996), "que ela perde o seu caráter imemorial: só o que é construído poderá, ao mesmo tempo, ser desconstruído; é ao fazer-se que ela se desfaz. No ponto em que não cessava. O passado deve vir do porvir das substituições" (p. 135).

Assim, a partir da transferência, a escuta analítica assinala às anorexias e bulimias a estrutura de um discurso que, ao se enunciar, destaca o compromisso ético da psicanálise que se ancora na consequência das palavras. Desse modo, a situação analítica só pode se alimentar das consequências que produz no analista e no analisando, que – afetados pelos ecos das palavras escutadas, ditas e, igualmente, daquelas abandonadas ao próprio silêncio – aceitam os riscos desse encontro.

Comunicar por meio das palavras o que vivemos no cotidiano da clínica psicanalítica implica, antes de mais nada, aceitar esse risco, pois, como disse George Bataille: "A experiência não pode ser comunicada se os laços de silêncio, retraimento e distância não transformarem aqueles que ela coloca em jogo".[10]

Referências

Balasc, C. (1990). *Désir de rien: de l'anorexie à la bulimie*. Paris: Aubier.

---

10 *Oeuvres Complètes*, Vol. 42.

Bidaud, E. (1998). *Anorexia mental, ascese, mística: uma abordagem psicanalítica.* Rio de Janeiro: Companhia de Freud.

Bruch, H. (1973). *Eating disorders: obesity, anorexia nervosa and the person within.* New York: Basic Books, Harper Torchbooks.

Brusset, B. (1998a). L'addiction anorexique à la marche et le travail psychanalytique: le cas de Sônia. In B. Brusset, *Psychopathologie de l'anorexie mentale* (pp. 187-203). Paris: Dunod.

Brusset, B. (1998b). *Psychopathologie de l'anorexie mentale.* Paris: PUF.

Brusset, B. (1999). Anorexia mental e bulimia do ponto de vista de sua gênese. In R. Urribarri (Org.), *Anorexia e bulimia* (pp. 51-60). São Paulo: Escuta.

Brusset, B. (2003a). Psicopatologia e metapsicologia da adicção bulímica. In B. Brusset, C. Couvreur, & A. Fine (Orgs.), *A bulimia* (pp. 137-171). São Paulo: Escuta.

Brusset, B. (2003b). Conclusões terapêuticas. In B. Brusset, C. Couvreur, & A. Fine (Orgs.), *A bulimia* (pp. 173-184). São Paulo: Escuta.

Camargo, I. (2003). Anorexia e bulimia: o negativo do corpo – um colar de pérolas sem fio. In H. A. Bucaretchi (Org.), *Anorexia e bulimia nervosa: uma visão multidisciplinar* (pp. 111-123). São Paulo: Casa do Psicólogo.

Dolto, F. (2002). *A imagem inconsciente do corpo.* São Paulo: Perspectiva.

Drummond de Andrade, C. (1984). As contradições do corpo. In C. Drummond de Andrade, *Corpo: novos poemas* (pp. 13-15). Rio de Janeiro: Record, 2002.

Fédida, P. (1978). Topiques de la théorie. In P. Fédida, *L'absence* (pp. 259-329). Paris: Gallimard.

Fernandes, M. H. (2004). A "feiticeira metapsicologia", *Percurso*, *31/32*, 99-110.

Fernandes, M. H. (2006a). *Transtornos alimentares: anorexia e bulimia*. São Paulo: Casa do Psicólogo. (Coleção Clínica Psicanalítica).

Fernandes, M. H. (2006b). A mulher-elástico, *Viver – mente & cérebro*, *161*, 28-33. (Artigo republicado na Edição Especial *As faces do feminino: dimensões psíquicas da mulher*, *18*, 78-82, 2009).

Fernandes, M. H. (2008). As mulheres, o corpo e os ideais. In R. M. Volich, F. C. Ferraz, & W. Ranña (Orgs.), *Psicossoma IV: corpo, história e pensamento* (pp. 207-220). São Paulo: Casa do Psicólogo.

Fernandes, M. H. (2009). Le corps fétiche: La clinique miroir de la culture. In J.-L. Gaspard, & C. Doucet (Orgs.), *Pratiques et usages du corps dans notre modernité* (pp. 117-127). Toulouse: Érès.

Fernandes, M. H. (2010). O corpo recusado na anorexia e o corpo estranho na bulimia. In A. P. Gonzaga, & C. Weinberg (Orgs.), *Psicanálise de transtornos alimentares* (pp. 39-69). São Paulo: Primavera.

Fuks, M. P. (2003). O mínimo é o máximo: uma aproximação da anorexia. In R. M. Volich, F. C. Ferraz, & W. Ranña (Orgs.), *Psicossoma III: interfaces da psicossomática* (pp. 148-158). São Paulo: Casa do Psicólogo.

Gorgati, S. B. (2002). O feminino congelado na anorexia. In S. L. Alonso, A. C. Gurfinkel, & D. M. Breyton (Orgs.), *Figuras clínicas do feminino no mal-estar contemporâneo* (pp. 115-128). São Paulo: Escuta.

Gurfinkel, A. C. (2001). Sexualidade feminina e fobia. In A. C. Gurfinkel, *Fobia* (pp. 101-114). São Paulo: Casa do Psicólogo. (Coleção Clínica Psicanalítica)

Gurfinkel, A. C. (2002). A angústia: pensando as fobias em mulheres. In S. L. Alonso, A. C. Gurfinkel, & D. M. Breyton (Orgs.), *Figuras clínicas do feminino no mal-estar contemporâneo* (pp. 93-103). São Paulo: Escuta.

Gurfinkel, A. C. (2003). A fobia alimentar: angústia, feminilidade e oralidade. In R. M. Volich, F. C. Ferraz, & W. Ranña (Orgs.), *Psicossoma III: interfaces da psicossomática* (pp. 171-184). São Paulo: Casa do Psicólogo.

Gurfinkel, D. (2011). A comilança: uma paixão oral. In D. Gurfinkel, *Adicções: paixão e vício* (pp. 297-351). São Paulo: Casa do Psicólogo. (Coleção Clínica Psicanalítica)

Holcberg, A. S. (2001). As alpinistas. In A. M. Sigal, & I. Vilutis (Orgs.), *Colóquio freudiano: teoria e prática da psicanálise freudiana* (pp. 95-112). São Paulo: Via Lettera.

Holcberg, A. S. (2002). Da desmesura à restrição. In S. L. Alonso, A. C. Gurfinkel, & D. M. Breyton (Orgs.), *Figuras clínicas do feminino no mal-estar contemporâneo* (pp. 131-138). São Paulo: Escuta.

Janet, P. (1908). *Les obsessions et la psychasthénie*. Paris: Félix Alcan.

Jeammet, Ph. (1985). Actualité de l'agir: à propos de l'adolescence, *Nouvelle Revue de Psychanalyse, 31*, 201-222.

Jeammet, Ph. (1999). A abordagem psicanalítica dos transtornos das condutas alimentares. In R. Urribarri (Org.), *Anorexia e bulimia* (pp. 29-49). São Paulo: Escuta.

Le Poulichet, S. (1996). A bulimia e o tempo canibalesco. In S. Le Poulichet, *O tempo na psicanálise* (pp. 121-135). Rio de Janeiro: Zahar.

McDougall, J. (1978). *Plaidoyer pour une certaine anormalité*. Paris: Gallimard.

McDougall, J. (1986). Un corps pour deux. In J. McDougall, G. Gachelin, P. Aulagnier, J. Cain, P. Marty, & J. Loriod, *Corps et histoire* (pp. 9-43). Paris: Les Belles Lettres.

Ranña, W. (1996). Anorexia. In A. C. S. L. Sucupira (org.), *Pediatria em consultório* (pp. 171-176). São Paulo: Sarvier.

Rilke, R. M. (1983). *Poemas*. Lisboa: O Oiro do Dia.

Scazufca, A. C. M. (1998). Anorexia-bulimia: sintomas de desejo, *Pulsional*, *106*, 15-27.

Scazufca, A. C. M., & Berlinck, M. T. (2004). Sobre o tratamento psicoterapêutico da anorexia e da bulimia. In M. R. Cardoso (Org.), *Limites* (pp. 89-106). São Paulo: Escuta.

Törok, M. (1987). Deuil ou mélancolie. Introjeter – incorporer. In N. Abraham, & M. Törok, *L'écorce et le noyau* (pp. 259-275). Paris: Flammarion.

Responsabilidade e resposta no crime de abuso sexual[1]

Maria Teresa de Melo Carvalho

Narcisismo e responsabilidade

Introdução

Numa passagem do texto "A questão da análise leiga", de 1926, Freud nos apresenta uma reflexão que, embora singela, contém a marca de sua genialidade. Vejamos do que se trata, em suas próprias palavras:

> *Nas principais estradas da Itália, as torres de cabos de alta tensão trazem a inscrição sucinta e impressionante:* "Chi tocca, muore" *[Quem tocar, morre]. Isso está perfeitamente calculado para regular o comportamento de transeuntes em relação a quaisquer fios que estejam pendentes. Os avisos alemães correspondentes*

1 O presente texto foi apresentado no III Congresso Nacional de Psicanálise, Direito e Literatura, realizado nos dias 5 e 6 de maio de 2011, na Faculdade Milton Campos, em Belo Horizonte, MG.

> *exibem uma verbosidade desnecessária e ofensiva:* "Das Berühren der Leitungsdrähte ist, weil lebensgefährlich, strengstens verboten" *[Tocar as linhas de transmissão é, por ser perigoso à vida, rigorosamente proibido]. Qualquer um que tenha amor à vida fará a proibição para si mesmo; e qualquer um que deseja matar-se dessa maneira não pedirá permissão. (Freud, 1926, p. 268)*

No texto em que a propõe, tal reflexão lhe serve para tecer considerações a respeito da prática da psicanálise e da necessidade ou não da regulamentação oficial de proibições ou autorizações, regulando essa prática. Mas podemos constatar que essa reflexão, aparentemente simples, tem implicações de maior alcance que irão servir-nos como ponto de partida para nossa argumentação sobre a questão da responsabilidade e da resposta no abuso sexual de crianças. É o que trataremos de desenvolver em seguida.

Ao lançar seu olhar crítico sobre o fenômeno em questão, Freud ressalta que o amor à vida é decisivo para regular o comportamento dos seres humanos em relação a situações que poderiam colocar a vida em risco. Nada mais óbvio, poderíamos dizer. Quais seriam então as implicações de maior alcance decorrentes dessa singela ilustração? Ora, o fragmento analisado por Freud indica-nos que o amor à vida é fundamental para que saibamos conter nosso corpo dentro de um espaço seguro, para que possamos nos manter dentro de certos limites. Ou seja, ele coloca em pauta a ligação existente entre o "amor à vida" e a "interdição", representada, no fragmento em questão, pela interdição de tocar. Aqui já se evidencia uma ligação estreita entre a responsabilidade – no caso, a responsabilidade pela própria vida – e a interdição. Tendo ressaltado essa ligação, cabe-nos interrogar sobre a concepção de "amor à vida" aí formulada.

Narcisismo e amor à vida

Não é difícil perceber que o amor à vida, no ser humano, não é algo natural, isto é, não é algo determinado por um instinto de autopreservação. Se assim fosse, como entender o comportamento daqueles seres humanos que arriscam sua vida em prol de ideais, de ideologias, ou daquilo que, às vezes, irrefletidamente, chamamos de fanatismo? Se ainda resta no ser humano algo da ordem de um instinto de autopreservação, este só surtirá algum efeito se sustentado pelo narcisismo. Sim, para a psicanálise, é o narcisismo que assegura o amor à vida. Esta afirmação parece contrariar o mito que inspirou o conceito freudiano, uma vez que Narciso perdeu a vida afogando-se no lago, justamente por um excesso de amor de si, por se apaixonar por sua imagem refletida no espelho d'água. Em seu uso corrente, o termo narcisismo não denotaria também um excessivo amor de si, um fascínio desmedido pela própria imagem, impedindo a pessoa de viver, de se relacionar?

Com efeito, esta acepção do narcisismo foi a que primeiramente determinou a criação do conceito por Freud, pois surgiu para designar manifestações psíquicas que evidenciavam investimento amoroso exagerado no próprio eu, levando até mesmo à megalomania e ao desligamento do interesse pelo mundo exterior. Todavia, Freud (1914) logo percebeu que tais manifestações significam, na verdade, a exageração patológica de um estado normal, um estado que se encontra invariavelmente presente num determinado momento da constituição psicossexual de todos os seres humanos. O narcisismo deixa, portanto, de conotar simplesmente um estado patológico e passa a significar também um momento estrutural, correlativo da constituição do eu.

De forma breve, podemos dizer que narcisismo significa investimento libidinal do próprio eu, amor a si mesmo, ou seja, amor a uma imagem de si mesmo. Todavia, essa imagem de si não é aquela refletida pelo espelho d'água, como no mito, e sim aquela refletida pelo olhar e pelo desejo do semelhante. Isso quer dizer que uma criança só se perceberá como um eu, passível de ser amado, se o adulto assim a nomear, tomando-a, ao mesmo tempo, como objeto de seu investimento amoroso. Em síntese, o amor de si, o narcisismo, depende do amor do outro – ou, como afirmou Freud (1914), o narcisismo da criança reflete o narcisismo dos pais: "O comovente amor parental, no fundo tão infantil, não é outra coisa senão o narcisismo renascido dos pais que, ao se transformar em amor objetal, acaba por revelar inequivocamente sua antiga natureza" (p. 110).

Portanto, o investimento narcísico dos pais é o que possibilita a constituição do eu na criança, ou seja, a constituição de uma instância do aparelho psíquico que passa a proporcionar-lhe o sentimento de unidade e de identidade com aquela imagem que foi projetada pelo outro. Doravante, essa imagem narcisicamente investida é o que irá assegurar o "amor à vida", suprindo a insuficiência do instinto de autopreservação no bebê humano. Uma passagem do livro de Laplanche (1985), *Vida e morte em psicanálise*, poderá ajudar-nos a tornar mais clara essa ideia:

> *Por que é necessário que se force frequentemente as crianças a comer; por que é necessário propor-lhes "uma colher para o papai, uma colher para a mamãe", isto é, uma colher pelo amor do papai, uma colher pelo amor da mamãe, se não é pelo fato de que o apetite é sustentado e substituído, na criança, pelo amor? (p. 54)*

O apetite é apenas um exemplo do fato de que a ordem vital, de modo geral, é sustentada, no ser humano, pelo narcisismo. Estamos afirmando, portanto, a estreita relação entre o narcisismo e a responsabilidade pela vida.

Mencionamos acima o fato de que o ser humano é capaz de arriscar a própria vida em prol de ideais. Assim, responder pela própria vida não só equivale a manter-se vivo, mas também a preservar sua integridade como ser humano, no sentido de resguardar os valores que foram erigidos como ideais a perseguir.

Um desses valores fundamentais para o ser humano, no sentido em que está no fundamento da cultura e que constitui, portanto, o ser humano como um sujeito dotado de consciência moral, é a consideração pelo outro, ou seja, a responsabilidade pelas próprias ações em relação ao semelhante. Mas como se passa de um estado de narcisismo, como amor de si próprio, para a possibilidade de consideração pelo outro? Como se passa da responsabilidade pela própria vida à responsabilidade, também, pela vida do semelhante? Com essas interrogações adentramos o tema da interdição e das renúncias.

O narcisismo como fundamento para as interdições do período edipiano

A observação de Freud com a qual introduzimos nosso texto faz referência à interdição de tocar: tocar os fios de alta tensão é perigoso à vida. Ora, a interdição de tocar é a primeira com a qual a criança é confrontada, conforme salientou Anzieu (1985). Basta observamos uma criança pequena, ensaiando os primeiros passos e tentando alcançar os objetos à sua volta, para constatarmos as reiteradas proibições de tocar feitas pelo adulto que cuida dela. São proibições que tanto visam a protegê-la de perigos para sua integridade corporal, quanto a convocam a respeitar os limites espaciais entre seu corpo e o corpo do outro, o limite entre aquilo de que pode se apropriar e aquilo a que deve renunciar para respeitar o desejo do outro. Ainda segundo Anzieu, a interdição de tocar é um pré-requisito para as interdições edípicas. Podemos acrescentar que ela é necessária à superação da primeira configuração narcísica do eu em direção a uma configuração ulterior, na qual o narcisismo é superado e, ao mesmo tempo, conservado no ideal de eu. Conforme afirma Freud (1914):

> *Como sempre no campo da libido, o ser humano mostra-se aqui incapaz de renunciar à satisfação já uma vez desfrutada. Ele não quer privar-se da perfeição e completude narcísicas de sua infância. Entretanto, não poderá manter-se sempre nesse estado, pois as admoestações próprias da educação, bem como o despertar de sua capacidade interna de ajuizar, irão perturbar tal intenção. Ele procurará recuperá-lo então na nova forma de um ideal de Eu. Assim, o que o ser humano projeta diante de si como seu ideal é o substituto do narcisismo perdido de sua infância, durante a qual ele mesmo era seu próprio ideal. (p. 112)*

Estamos habituados a pensar, a partir de Freud, que a gênese da consciência moral encontra-se na instalação das interdições edipianas, que levam à constituição do superego, pela interiorização da lei fundamental da cultura que é a proibição do incesto. Mas é preciso lembrar que as interdições do período edipiano só se instalam sobre a base do narcisismo. Da mesma forma que é o amor do outro que sustenta o apetite na criança, como mencionamos acima, é também o amor do outro que a leva a fazer renúncias. É nesse sentido que Bleichmar (2006) apontou a relação estreita entre o narcisismo e a constituição do sujeito ético, ao discutir sobre a função do outro para além da triangulação e das relações de aliança. Esta autora argumenta que a problemática ética passa pelo modo como o adulto se coloca diante da criança em sua dupla função, isto é, tomando-a como objeto de seu investimento libidinal mas, ao mesmo tempo, pautando os limites de sua apropriação sobre o corpo da criança ao exercer um amor sublimatório, capaz de considerar a criança como sujeito desejante.

Então, nesse jogo especular que constitui o narcisismo, a responsabilidade pela própria vida, a vida do sujeito em vias de constituição, funda-se na responsabilidade do outro por ele e é condição para que este possa vir a responsabilizar-se também pela vida do outro, ou seja, é condição para o seu devir como sujeito dotado de consciência moral. Em outros termos, o narcisismo assim compreendido é pré-condição para a instalação das interdições e a interiorização da lei, com a consequente constituição do superego.

Essa antecedência da responsabilidade relativamente à interdição e, ao mesmo tempo, a estreita ligação entre uma e outra, parece encontrar respaldo em uma reflexão de Lévi-Strauss, em uma passagem de *Tristes trópicos*, na qual o autor tenta compreender as origens mais primitivas dos laços sociais, ao observar as características e o papel do chefe de uma tribo indígena com uma estrutura social elementar, os Nambiquara do Brasil. Já de início, ele afirma, convém notar que o chefe não encontra respaldo para suas múltiplas funções "nem num poder específico, nem numa autoridade publicamente constituída. É o consentimento que está na origem do poder, e é também o consentimento que mantém sua legitimidade" (Lévi-Strauss, 1955, p. 293). Interrogando-se sobre como o chefe cumpre suas obrigações, encontra a seguinte resposta: "O primeiro e principal instrumento do poder consiste na sua generosidade".

A observação dessa tribo indígena, somada a outras observações, leva o antropólogo francês a recusar "a velha teoria sociológica, temporariamente ressuscitada pela psicanálise, segundo a qual o chefe primitivo encontraria seu protótipo num pai simbólico"

(Lévi-Strauss, 1955, p. 297),[2] para alinhar-se a Rousseau e seus contemporâneos que

> *deram provas de uma intuição sociológica profunda quando entenderam que atitudes e elementos culturais como o "contrato" e o "consentimento" não são formações secundárias, conforme pretendiam seus adversários, e Hume em especial: são matérias-primas da vida social, e é impossível imaginar uma forma de organização política em que não estejam presentes.*

Ora, não poderíamos compreender o contrato e o consentimento como avatares daquilo que, nas origens do sujeito psíquico, seria o narcisismo em sua ligação com a responsabilidade, tal como desenvolvemos nos parágrafos precedentes?

Feitas essas considerações, passaremos a abordar o tema do abuso sexual de crianças, no intuito de ilustrar, a partir de alguns fragmentos clínicos, o que desenvolvemos até o momento.

Responsabilidade e resposta no abuso sexual de crianças

A assimetria adulto/criança na situação antropológica fundamental segundo Jean Laplanche

O crime de abuso sexual de crianças caracteriza-se, principalmente, pela relação assimétrica entre o adulto e a criança e isso, por si só, já basta para caracterizá-lo como uma violência contra

2 Trata-se do pai primevo de "Totem e tabu" (Freud, 1913), que exercia, de forma unilateral, o seu poder sobre os filhos.

a criança, mesmo que seja praticado sem coerções físicas ou outros atos violentos. Assim, a presunção da violência do agressor ou inocência da vítima é o que concorre para a responsabilização por crimes sexuais praticados contra crianças.[3]

É também a relação de assimetria entre o adulto e a criança o que constitui uma das premissas fundamentais da teoria da sedução generalizada de Jean Laplanche, caracterizando o que ele considera como a situação antropológica fundamental. Esta é a situação que comportaria os elementos universais no momento inaugural da constituição do aparelho psíquico, os elementos que seriam invariáveis para qualquer ser humano, independentemente de contingências históricas ou culturais. Pois bem, o que ele considera universal nesse momento inaugural do psiquismo é justamente a relação assimétrica entre o adulto e a criança, no sentido preciso em que o adulto, tendo o seu psiquismo constituído, possui um inconsciente feito essencialmente de resíduos infantis, enquanto o psiquismo da criança ainda está em vias de constituição. Assim, o adulto é portador de uma sexualidade perversa polimorfa, tal como descrita por Freud no seu texto "Três ensaios sobre a teoria da sexualidade". Tais conteúdos sexuais inconscientes irão parasitar, forçosamente, a interação do adulto com a criança que, por seu lado, não tem um inconsciente constituído, nem tampouco fantasias sexuais ou ativadores hormonais da sexualidade (Laplanche, 2007). Nessa assimetria, assim descrita, está o sentido da sedução generalizada, pois o adulto, em relação à criança,

3 A base jurídica para o tratamento da questão do abuso e da exploração sexual de crianças e adolescentes no Brasil é o tripé formado pela Constituição Federal de 1988, o Código Penal Brasileiro em seu Decreto-Lei n. 2.848, de 7 de dezembro de 1940, alterado pela Lei n. 7.209, de 11 de julho de 1984, e o Estatuto da Criança e do Adolescente, Lei n. 8.069, de 13 de julho de 1990 (cf. *Guia Escolar – Métodos para identificação de sinais de abuso e exploração sexual de crianças e adolescentes*, Brasília, 2004).

será sempre sedutor. Ao cuidar da criança, ao interagir com ela, o adulto lhe endereçará mensagens comprometidas com seus conteúdos inconscientes. Os gestos de cuidado em relação à criança, as falas ou olhares dirigidos a ela serão sempre "parasitados por outra coisa", pois, por parte do adulto, e num sentido unilateral, há sempre a intervenção do inconsciente (Laplanche, 2007). Por se tratar de conteúdo inconsciente, o adulto desconhece esse "a mais" que é veiculado em seu endereçamento à criança. No entanto, essas mensagens comprometidas com seu inconsciente, essas mensagens enigmáticas, segundo o termo proposto por Laplanche, possuem uma realidade efetiva e têm, portanto, o poder de interpelar a criança, sendo então, ainda segundo o termo de Laplanche, "implantadas" na criança, que será impelida a respondê-las, a atribuir-lhes sentido.

O que importa, finalmente, destacar nessa situação antropológica fundamental é precisamente a tentativa de tradução, por parte da criança, da mensagem enigmática implantada pelo adulto – e o fracasso inevitável dessa tentativa. Esse fracasso é inevitável tanto pelo fato de que a criança não dispõe de meios suficientes para traduzir a mensagem, quanto pelo fato de que a mensagem veicula sentidos ignorados pelo próprio adulto que as emite e, portanto, não poderá funcionar, junto à criança, como um assistente de tradução perfeitamente adequado. A tentativa de tradução deixará "cair" os restos não traduzidos das mensagens e esses restos, que não encontram lugar na tradução, irão constituir o inconsciente da criança. Essa tradução imperfeita, esse fracasso parcial de tradução é, assim, um processo normal, que equivale ao recalcamento, ou seja, ao processo de constituição do inconsciente.

Consideramos que essa breve retomada da teoria da sedução generalizada, a partir da relação de assimetria entre o adulto e a criança, é suficiente para prosseguirmos nossa argumentação sobre o abuso sexual de crianças, formulando a seguinte interrogação: quando a sedução do adulto deixa de ser veiculada pelos cuidados com a criança e passa a ser atuada como abuso sexual, quais seriam as possibilidades de resposta da criança ao que lhe ocorre?

O potencial traumático do abuso sexual ante as possibilidades de resposta da criança

Em recente pesquisa sobre os mecanismos identificatórios da criança vítima de abuso sexual, Mendes (2011) se interroga sobre os fatores intervenientes no estabelecimento do trauma psíquico em tal situação. Ora, o abuso sexual, em quaisquer condições, encerra potencial traumático mas, certamente, há fatores que intervêm nessa situação de forma a elevar ainda mais esse potencial, sendo a cronicidade, o uso da violência física, a tenra idade da criança, ou o caráter intrafamiliar do abuso os mais citados na literatura sobre o assunto. A conclusão de Mendes, fundamentada na literatura especializada e em sua própria prática com crianças vítimas de abuso, é que tais fatores devem ser considerados lado a lado com o momento da constituição psíquica da criança por ocasião do abuso sexual, para que possamos avaliar melhor suas possibilidades de elaborar psiquicamente o que lhe ocorreu.

Nossa própria experiência clínica aponta para uma conclusão semelhante, conforme tivemos a oportunidade de discutir em artigo publicado anteriormente (Melo Carvalho, 2001), fundamentando-nos na teoria da sedução generalizada. Se o adulto é sempre sedutor, conforme diz essa teoria, isso não implica, obviamente, que se trate de um adulto perverso. Normalmente, trata-se de um adulto clivado em relação a seus conteúdos inconscientes e que desconhece o teor sexual de seu endereçamento à criança. As mensagens sexuais endereçadas à criança são recobertas por uma dimensão narcísica, amorosa, sustentada pelos ideais e normas sociais. O abuso sexual viola essas normas, rompe com esses ideais e deixa a criança na impossibilidade de representar o que lhe ocorre, porque isso é excluído da linguagem compartilhada socialmente. O abuso veicula, portanto, nos termos da teoria da sedução generalizada, uma mensagem de difícil tradução. Com efeito, como poderá a criança traduzir o comportamento de um adulto que transgride normas e valores que ele deveria ser o primeiro a defender, sobretudo nos casos em que esse adulto é um membro de sua própria família ou um substituto deste? Dito de outra forma, como poderá a criança integrar em seu *eu* a representação do ato de um adulto que, precisamente, a desconsidera como um eu possuidor de um desejo próprio, e a toma como objeto de sua satisfação pulsional? Poderíamos ainda perguntar, segundo o que desenvolvemos na primeira parte deste texto: como poderá a criança confrontar-se com essa quebra da responsabilidade do adulto por ela, pelo seu devir como sujeito dotado de consciência moral?

No artigo que mencionamos, intitulado "Transtornos da memória e fracasso do recalcamento na clínica psicanalítica da criança" (Melo Carvalho, 2001), buscamos mostrar como a tradução da mensagem veiculada pelo abuso sexual torna-se ainda mais problemática quando a vítima é uma criança com fracassos significativos na constituição de suas fronteiras intrapsíquicas. Retomaremos, de forma breve, o "caso Adriana", analisado no referido artigo, para contrastá-lo com o "caso Aline", que será também apresentado de forma sucinta, com o objetivo de realçar as diferenças nas possibilidades de resposta dessas duas crianças ao abuso sexual.

Ambos os casos referem-se a crianças do sexo feminino, com 7 anos de idade no momento dos primeiros avanços sexuais do adulto, que consistiam de toques sutis, no caso Aline, e de toques, exposição do corpo e solicitação de toques da criança no caso Adriana, sem uso de violência física.

Adriana, órfã de mãe e filha de pai desconhecido, morava com os avós maternos. Quando contava oito anos de idade, foi levada pelos vizinhos ao juizado de menores para denunciar o avô por abuso sexual. Os avós, que já respondiam a processos anteriores, por negligência, foram então interditados e Adriana foi encaminhada a uma creche cuja supervisora solicitou o atendimento psicológico. Além de distúrbios de aprendizagem, a criança apresentava comportamentos exibicionistas na escola e iniciativas de jogos sexuais com as colegas da creche.

Ao que tudo indicava, Adriana viveu os repetidos episódios de abuso sexual de forma passiva, isto é, sem opor-lhes defesas, e isso não somente no sentido de tentar esquivar-se dos avanços sexuais do avô, mas também no que diz respeito às defesas intrapsíquicas. Ela não apresentava conflitos característicos de crianças com estrutura neurótica, que vivem experiências semelhantes e se expressam, principalmente, por meio de comportamentos de retraimento e indícios de culpa. Não parecia haver, do lado desta criança, manifestações de um eu que tenta afirmar-se contra os desejos do outro, nem de um supereu que tenta impor-se contra a ameaça dos próprios desejos incestuosos que teriam sido recalcados. Ela parecia estar comodamente instalada na posição de objeto do gozo do outro, usufruindo, aí também, sua cota de gozo. É necessário observar que essa posição de objeto do outro e o gozo daí advindo referem-se, ambos, às pulsões parciais, a uma sexualidade perversa e polimorfa. Não se trata da posição de um objeto de amor. É ainda preciso deixar claro que a ausência de manifestações sintomáticas típicas, e o fato de a menina parecer comodamente instalada naquela posição, não devem levar-nos a minimizar o potencial desorganizador do abuso para o seu funcionamento psíquico.

Dadas as características acima enumeradas, bem como as características de sua relação transferencial nas sessões, trabalhamos com a hipótese de que, no caso de Adriana, o abuso sexual constituiu-se como um elemento perturbador a mais para um funcionamento psíquico já perturbado. Trabalhamos com a suposição de que suas relações originárias - marcadas também por mensagens sexuais, porém no sentido da sedução generalizada - não encontraram contrapartida no narcisismo de forma suficiente para conter tais mensagens num eu-pele, num primeiro momento, e para que, *a posteriori*, fossem possíveis as traduções, as simbolizações. Trabalhamos, portanto, com a hipótese de um fracasso do recalcamento, ou seja, um fracasso radical das possibilidades de responder às mensagens do outro, com os consequentes prejuízos para o estabelecimento das fronteiras psíquicas e da constituição das instâncias correspondentes. A criança não podia barrar aquilo que lhe ocorria, pois sua configuração psíquica não dispunha de uma instância reguladora das interdições, não sendo assim possível o deslocamento dos investimentos pulsionais para o pensamento e sublimações de um modo geral. Sua resposta às mensagens do outro eram atuações repetitivas de uma sexualidade perversa e polimorfa, como o comportamento de exibicionismo, a busca de jogos sexuais com as colegas, ao lado de uma certa agitação, desconcentração e desinteresse pela aprendizagem. Finalmente, e de acordo com o que desenvolvemos na primeira parte deste texto, podemos dizer que as condições para a internalização das interdições não estavam vigentes no psiquismo dessa criança que, repetindo as mesmas atuações do avô, indicava a impossibilidade de estabelecer fronteiras entre seu corpo e o corpo do outro, ou de estabelecer limites entre aquilo de que poderia se apropriar e aquilo a que deveria renunciar para respeitar o desejo do outro.

Diferentemente de Adriana, Aline manifestou oposição determinada à sedução do adulto desde os primeiros momentos. Ela vivia com a mãe, separada do pai desde os quatro anos de idade da menina. Raramente via o pai que havia se mudado para outra cidade, mas convivia constantemente com o atual companheiro da mãe, no qual esta última depositava enorme confiança e afeto. A mãe dividia com ele certos cuidados com Aline, como, por exemplo, buscá-la na escola quando, por motivos de trabalho, ela não podia ir. Foi numa dessas oportunidades que ele fez os primeiros avanços sexuais em direção à menina que, percebendo a inadequação daqueles gestos, sentiu-se perturbada e logo foi contar à mãe o que havia acontecido. Esta, no entanto, por confiar plenamente no companheiro, pensou tratar-se de fantasias da menina e repreendeu-a. A menina então passou a recusar-se a ficar a sós com o padrasto, o que a mãe interpretava como ciúmes, motivados por seu novo relacionamento e, ao mesmo tempo, oposição àquele que estava ocupando o lugar de seu pai.

Essa determinação da menina em não ficar sozinha com o padrasto evitou a repetição crônica do abuso que, no entanto, não cessou totalmente, ocorrendo, de forma intermitente, em algumas situações em que ela não podia evitar estar a sós com ele. Aline recorreu então a uma tia para confiar-lhe o que estava ocorrendo e esta, acreditando na menina, pôde convencer a mãe de que a filha falava a verdade. Quando a mãe finalmente convenceu-se da veracidade dos relatos da filha e tomou as providências devidas, ela já estava com 12 anos de idade.

Pensamos que essa determinação em opor barreiras à livre atuação da sexualidade do adulto sedutor pode ser vista como indicador de que, do ponto de vista da constituição psíquica, as interdições edípicas já estavam vigentes nessa criança. A relação transferencial da menina nas sessões também indicava essa mesma direção. Em suas falas sobre o ocorrido e sobre o seu desejo de que a mãe levasse adiante os procedimentos para a denúncia do agressor, ela não expressava angústia nem culpa. E, no início, não apresentava nem mesmo o desejo de um acompanhamento psicológico, mas quis continuar vindo às sessões quando percebeu que eu poderia ser sua aliada, sustentando, junto à mãe, a necessidade da denúncia. A angústia estava do lado da mãe que vivia um grande conflito entre seu amor e sua responsabilidade pela filha, por um lado e, por outro, seu afeto pelo companheiro, do qual ainda guardava as lembranças de solidariedade e companheirismo em momentos difíceis de sua vida. Mesmo estando ferida e decepcionada com o comportamento dele, ainda tinha dúvidas sobre a propriedade de uma denúncia. Ao mesmo tempo, sabia que, se não levasse à frente esse processo, ficaria em dívida, não somente com a filha, mas também com o pai desta, que ainda não estava a par do abuso.

Entendemos melhor a serenidade e determinação de Aline quando percebemos que a mãe assumiu o ônus da carga de angústia e culpa pelo abuso. Certamente, a situação ativou elementos da rivalidade edípica com a mãe e Aline pode afirmar, nesse momento, seu desejo de estar mais próxima do pai, expressando sua decisão de ir morar com ele. Se desejos incestuosos foram mobilizados pelo abuso sexual, podemos dizer que Aline tinha suas fronteiras psíquicas suficientemente investidas para mantê-los recalcados, manifestando repugnância e nojo pelo comportamento do padrasto. Seu desejo de aproximação do pai, por outro lado, apontava para uma idealização deste e, portanto, uma sublimação de sua relação com ele: ela desejava o pai que poderia proporcionar-lhe segurança e melhores condições de vida.

Essas considerações levaram-nos a trabalhar com a hipótese de um psiquismo em que operava o recalcamento, com o consequente estabelecimento de fronteiras intrapsíquicas que resguardavam o eu da intrusão de conteúdos da sexualidade infantil recalcada. O eu, narcisicamente investido, pode, nesse caso, funcionar como instância tradutora/recalcante e traduzir o abuso sexual como um ato ilícito, repugnante e que deveria ser combatido.

A argumentação que acabamos de desenvolver, relativamente a esses dois fragmentos clínicos, corrobora a conclusão encontrada na literatura psicanalítica, anteriormente mencionada, segundo a qual o momento da constituição psíquica da criança, por ocasião do abuso, é um fator decisivo para a avaliação de suas possibilidades de elaboração do excesso de excitação desencadeado nessa situação. Devemos acrescentar que este é também um elemento decisivo para a condução do tratamento da criança. Acreditamos que os aportes da teoria da sedução generalizada e, em particular, a noção de resposta à mensagem do outro em sua relação com o recalcamento, o narcisismo e o seu papel na constituição psíquica, possam abrir novas vias em futuras investigações clínicas e, também, em casos em que os fatores intervenientes no potencial traumático do abuso sexual são diferentes daqueles que apresentamos.

Considerações finais

No texto "Responsabilidade e resposta", que serviu de fonte de inspiração para a argumentação que acabamos de desenvolver, Jean Laplanche (1999) desloca a responsabilidade sobre a resposta num percurso argumentativo que, brevemente retraçado, seria o seguinte: retomando a pergunta de Freud sobre a responsabilidade do sujeito pelos próprios sonhos, chega-se à reflexão sobre a "alteridade interna", que atua no psiquismo no momento dos sonhos e que será assimilada ao resíduo da mensagem sexual do outro. Assim, o motor "inamovível" das produções psíquicas é o enigma do outro, implantado no psiquismo; é dessa forma que Laplanche responde a interrogação de Freud, ou seja, é esse enigma o responsável pelos sonhos. Uma vez constituída essa alteridade interna, só resta ao sujeito tentar responder ao enigma do outro, o que equivale a dar-lhe sentido ou a traduzi-lo. É assim que a responsabilidade desloca-se sobre a resposta.

Ainda nesse mesmo texto, Laplanche adverte seu leitor de que não propôs uma teoria da responsabilidade e que, ao propor o deslocamento da responsabilidade sobre a resposta, ele tampouco teve a intenção de esboçar uma ética ou uma moral da psicanálise. Ora, o texto que acabamos de apresentar também partiu do tema da responsabilidade para chegar ao tema da resposta, acreditando, não obstante, que esse percurso contém elementos para uma teoria da responsabilidade no contexto da teoria da sedução generalizada. O principal desses elementos é a noção de narcisismo, entendida como condição de resposta ao enigma do outro e, ao mesmo tempo, condição de possibilidade para o advento do sujeito marcado pelas interdições, contribuição que devemos a Bleichmar, com seu fundamento nas teorias freudiana e laplancheana, e que procuramos desenvolver aqui segundo nosso próprio entendimento. Assumir que é possível formular uma teoria da responsabilidade no contexto da teoria da sedução generalizada não significa, todavia, esboçar uma ética ou uma moral da psicanálise e, sim, procurar, na constituição do sujeito, aquele ponto que determina sua possibilidade de desenvolver uma consciência moral, de submeter-se a uma ética que está para além da psicanálise ou é anterior a ela.

Referências

Anzieu, D. (1985). *Le moi peau*. Paris: Dunod.

Bleichmar, S. (2006). La construcción del sujeto ético. In *Seminarios*, Classe n.1 (dictada el 10 de abril). Recuperado de: www.silviableichmar.com.

Freud, S. (1913). Totem e tabu. In S. Freud, *Edição Standard Brasileira das Obras Psicológicas Completas de Sigmund Freud* (Vol. XIII, pp. 13-194). Rio de Janeiro: Imago, 1972.

Freud, S. (1914). À guisa de introdução ao narcisismo. In S. Freud, *Obras psicológicas de Sigmund Freud - Escritos sobre a psicologia do inconsciente* (Vol. 1, pp. 85-119). Rio de Janeiro: Imago, 2004.

Freud, S. (1926). A questão da análise leiga. In S. Freud, *Edição Standard Brasileira das Obras Psicológicas Completas de Sigmund Freud* (Vol. XX, pp. 205-293). Rio de Janeiro: Imago, 1972.

Laplanche, J. (1999). Responsabilité et réponse. In J. Laplanche, *Entre séduction et inspiration: l'homme* (pp. 147-172). Paris: PUF.

Laplanche, J. (2007). Trois acceptions du mot « inconscient » dans le cadre de la théorie de la séduction généralisée. In J. Laplanche, *Sexual* (pp. 195-214). Paris: PUF.

Lévi-Strauss, C. (1955). *Tristes trópicos*. São Paulo: Companhia das Letras, 2007.

Melo Carvalho, M. T. (2001). Transtornos da memória e fracasso do recalcamento na clínica psicanalítica da criança, *Psyché - Revista de Psicanálise*, ano V, (8), 37-56.

Mendes, A. P. N. (2011). *A identificação com o agressor: interfaces conceituais e implicações para o estudo da violência sexual infantil*. Dissertação de mestrado, Departamento de Psicologia, Universidade Federal de Minas Gerais, Belo Horizonte.

Construções e figurabilidade em análise: vias de abertura à representação?

Marta Rezende Cardoso

Raquel Rubim del Giudice Monteiro

A noção de construção foi evocada por Freud, pela primeira vez, em 1918, em "História de uma neurose infantil". Neste texto, ele afirma que, diante da impossibilidade de o paciente vir a rememorar algumas experiências psíquicas no decorrer da análise, estas deveriam ser construídas. Em "Construções em análise", de 1937, é retomada a investigação sobre a construção a partir de um estudo aprofundado sobre este dispositivo técnico. Freud destaca o fato de a análise ser um trabalho intersubjetivo a partir do qual a cada uma das partes envolvidas - analista e analisando - caberia uma tarefa distinta que propiciasse a recordação "completa" das experiências vividas, porém esquecidas. Ao analisando caberia recordar; ao analista, caberia "a tarefa de completar aquilo que foi esquecido a partir dos traços que deixou atrás de si ou, mais corretamente, *construí-lo*" (Freud, 1937, p. 276).

O analista, tendo como base o material trazido pelo paciente no decorrer do processo analítico - como a fala, os sonhos, a repetição agida na transferência -, cria, "constrói" parte da história que não pode ser recordada. Portanto, a construção representa, na situação analítica, um ato de criação, atribuído ao analista no discurso freudiano. Se constitui criação do analista, que relação a construção teria com o que foi efetivamente vivido pelo paciente?

A construção, em si mesma, não tem mais do que um valor conjetural que "aguarda exame, confirmação ou rejeição" (Freud, 1937, p. 283). Ou seja, a confirmação da "fidelidade" da construção à história do sujeito impedida de ser recordada dependerá da evolução do tratamento. Pelo fato de este instrumento metodológico ser uma intervenção "preliminar" possibilitando o surgimento de novas lembranças, a sua confirmação virá por meio de associações, expressões, recordações ou de qualquer outro "material" que demonstre que ela possibilitou a abertura de novos caminhos de acesso ao inconsciente.

No pensamento freudiano, a construção aparece, então, como uma intervenção do analista, de caráter mais amplo, abstrato e teórico. Em "Construções em análise", Freud (1937) se preocupa em diferenciar a construção do dispositivo da interpretação. Sublinha que nas descrições sobre a técnica analítica não se encontrava até então muitas referências à construção analítica, e sim à interpretação e seus efeitos. Segundo ele, a interpretação "aplica-se a algo que se faz a algum elemento isolado do material, tal como uma associação ou uma parapraxia"; quanto à construção, sustenta que é "quando se põe perante o sujeito da análise um fragmento de sua história primitiva, que ele esqueceu" (p. 279).

Comentando as proposições freudianas, Birman (1991) destaca que a construção visa delinear um contexto histórico de origem, isto é, um cenário – inscrito no tempo – que seria o eixo ordenador das diversas estratificações das inserções de sentido, o que justificaria o fato de esse procedimento ser denominado "construção". Já a interpretação diz respeito ao deslizamento que se realiza fragmentariamente de inscrição em inscrição.

Para Bertrand (2008), a construção aparece como maneira de decifração de uma estrutura, recapitulação dos principais eventos que marcaram uma construção psíquica, e vem a elucidar uma organização psíquica. Já a interpretação está ligada a um ponto preciso, tendo como fundamento um movimento pulsional. O seu material se situa no "aqui e agora" de uma fala ou de um agir, no decorrer de uma sessão. Desse modo, tal dispositivo estaria do lado da atualização do funcionamento psíquico.

No entanto, Bertrand (2008) destaca que as considerações de Freud acerca da distinção entre construção e interpretação foram elaboradas mediante o referencial da análise de pacientes neuróticos, marcados pelo recalcamento. Porém, nas situações clínicas marcadas pela presença do traumático, por um excesso pulsional – como os chamados estados limites –, deparamos com uma incapacidade de ligação das moções pulsionais. Nesses casos, qual seria o lugar da construção?

Duparc (2002) sublinha que nos vemos atualmente diante da necessidade de deixar de considerar a construção apenas do modo como Freud a formulou no decorrer de sua obra para, assim, podermos compreender todas as suas formas e seu uso. Para isso, seria necessário refletirmos sobre a questão da especificidade da construção, levando em conta a singularidade de cada patologia e a necessidade de cada momento do processo de análise. O autor distingue dois estilos de construção: uma de tipo historicizante e outra de tipo diferenciação ou interpretativo.

O primeiro estilo se refere ao modo como esse dispositivo aparece descrito no discurso freudiano: trata-se aqui de amplo material elaborado no modo de conto ou de romance familiar. Já a construção/diferenciação, formulada em frases mais curtas, seria uma modalidade de intervenção mais próxima dos processos primários, sendo sua formulação atemporal, ao contrário das construções historicizantes. Nesse estilo de construção, a "função elaborativa e organizadora se limita a descrever uma estrutura simples baseada numa diferenciação, num contraste, e a destacar uma dualidade de ação ou ainda um objeto e seu oposto" (Duparc, 2002, p. 11).

Na clínica dos estados limites, em cuja base supomos a presença de uma dimensão traumática, o recurso à construção pode ter especial importância por ser um dispositivo técnico que favorece o processo de inscrição das marcas traumáticas (Cardoso, 2004, 2007). O tratamento deverá se dirigir, de forma prioritária, para a construção de cenários imaginários. As marcas traumáticas, por sua condição de não inscrição no aparelho psíquico como traço mnêmico, encontram-se muito próximas do registro perceptivo, sensório. Trata-se, então, da tentativa do analista, via construção/diferenciação, de dar uma forma imagética que permita dar contorno aos elementos que estariam fora do registro da representação.

Das marcas traumáticas à "construção" de imagens

As marcas traumáticas encontram-se no psiquismo como "marcas prévias, não ligadas, da estruturação do inconsciente" (Lejarraga, 1996, p. 81), o que indica que não se encontram inscritas como traços mnêmicos, representações, isto é, não se inscrevem como lembranças conscientes ou inconscientes. Encontram-se, porém, presentes no psiquismo, "registradas" no nível perceptivo, sensório. A dificuldade aqui consiste na possibilidade de que essas marcas possam vir a ser representadas. Lejarraga (1996) nos indica um caminho possível para elucidarmos esta questão, ao destacar que a imagem psíquica,[1] especialmente a visual, seria a "possibilidade que o sujeito encontra de dar uma forma, que poderia ser evocada e transmitida, ao indizível" (p. 82) da marca traumática. A autora sublinha ainda, à luz das contribuições de Enriquez (1978), que somente por meio da criação de uma forma tais marcas, que seriam da ordem do indizível e do intolerável, poderiam se tornar visíveis, transmissíveis. Assim, "a figurabilidade, a criação de imagens nos sonhos, são o primeiro recurso para canalizar a angústia, realizando uma ligação entre pulsões de destruição e pulsões de vida" (Lejarraga, 1996, p. 82).

As imagens psíquicas seriam, então, uma primeira forma de "ligação", por meio da figurabilidade, do excesso pulsional. De acordo com Tisseron (2005), elas comportam três funções relacionadas às excitações pulsionais: conter, transformar e representar. O autor destaca que a primeira função da imagem no psiquismo seria a de dar uma forma, envolver o que se encontra no registro da pura intensidade, isto é, construir uma forma que permita dar um contorno aos elementos amorfos do psiquismo.

Essas formulações de Tisseron corroboram as de Lejarraga, pois todas destacam a importância da imagem psíquica como via possível de inscrição das marcas traumáticas. As ideias apresentadas por esses dois autores vão, inclusive, ao encontro das postulações de Cesar e Sara Botella (2002) – que têm se dedicado à compreensão do papel da construção imagética pela via da noção de figurabilidade.

O termo figurabilidade aparece no capítulo VI de *A interpretação dos sonhos* (Freud, 1900) para designar uma das formas a que estão submetidos os pensamentos do sonho. Tal mecanismo

1 As imagens psíquicas não necessariamente são imagens visuais, pois temos, dentre outras, imagens que correspondem aos diversos órgãos dos sentidos, como as olfativas, auditivas e cinestésicas.

consiste num dos principais objetivos do sonho, o de transformação dos pensamentos oníricos em imagens sensoriais visuais.

> *Dentre os vários pensamentos acessórios ligados aos pensamentos oníricos essenciais, dá-se preferência àqueles que admitem representação (*Darstellung*) visual; e o trabalho do sonho não se furta ao esforço de remodelar pensamentos inadaptáveis numa forma verbal – mesmo numa que seja menos usual –, contanto que esse processo facilite a representação (*Darstellung*) e, desse modo, alivie a pressão psicológica causada pela constrição da ação de pensar. (Freud, 1900, pp. 375-376)*

Freud destaca que no estado de sono a excitação segue um movimento regressivo, ou seja, propaga-se da extremidade motora para a extremidade sensorial do psiquismo, atingindo, por fim, o sistema perceptivo, por meio da produção de uma revivência alucinatória das imagens perceptivas. A figurabilidade nos sonhos é oriunda, portanto, de um movimento regressivo.

Contudo, vale salientar, como bem o faz Gurfinkel (2008) a propósito, por exemplo, dos estados limites – nos quais a dimensão de traumático é essencial –, que há um "colapso do sonhar", o qual decorre de falhas na função simbolizante do psiquismo. Nesses casos, a função simbolizante que se revela de modo paradigmático no sonhar – no sonho como realização de desejo – não ocorre. Tal função deixa de operar ou opera de maneira precária e insuficiente e, em decorrência disso, temos ausência de sonhos ou temos sonhos marcados pela fixidez, pela compulsão à repetição e ausência da regência do princípio de prazer, o que atesta o fracasso da atividade onírica e da função desejante (Gurfinkel, 2008).

A figurabilidade, aqui, seria fruto de uma busca de contenção do excesso pulsional pelo ego, na tentativa de evitar o desmoronamento, a morte psíquica que o traumático ameaça provocar. Esta figuração seria um primeiro limite paraexcitante; tratar-se-ia de uma apresentação do indizível, isto é, de uma percepção alucinatória pela consciência sob a forma de uma "figura", daquilo que, numa primeira abordagem, não se pode fazer por intermédio das representações. Tais imagens se encontram num nível mais concreto, sem mobilidade psíquica, o que indica a precariedade das demais modalidades de trabalho do sonho - condensação, deslocamento e elaboração secundária -, distintas da representação, que se acha num nível mais abstrato e permite a atividade associativa.

Prioridade do sensório na clínica do traumático

Em "Construções em análise", Freud (1937) afirma que, após a comunicação de uma construção apropriada, os pacientes frequentemente não recordam as situações referidas a ela. Evocam, no entanto, recordações "ultraclaras", *flashes*, no sentido de que consistem na lembrança de pormenores - como, por exemplo, a sala onde a situação poderia ter ocorrido, o rosto de pessoas que poderiam estar presentes ou ausentes na cena à qual a construção se refere, etc. Estas recordações ocorrem tanto em sonhos quanto em estados de vigília semelhantes à fantasia, porém, sem conduzir a outras recordações.

Na busca de esclarecer em que consistiriam essas recordações "ultraclaras", Freud acrescenta que elas podem ser descritas como alucinações, baseando-se na concretude e clareza delas. Esta analogia que ele supõe haver entre ambas torna-se mais evidente quando percebe que, ocasionalmente, pacientes não psicóticos poderiam ter alucinações. Infere que esta "talvez seja uma característica geral das alucinações – à qual uma atenção suficiente não foi até agora prestada – que, nelas, algo que foi experimentado na infância e depois esquecido, retorne" (p. 285).

Cesar e Sara Botella (2002) relatam que, no atendimento de pacientes limites, muitas vezes durante a sessão lhes ocorriam estados mentais particulares, como se fossem momentos fugidios, *flashes*, que lhes chamaram a atenção devido às imagens visuais ou auditivas que surgiam nesses momentos. Tais imagens tinham nitidez e vivacidade sensorial que, por vezes, lhes conferiam qualidade quase alucinatória. Essas experiências – apesar de as imagens terem sido despertadas no analista e não no analisando, diferentemente do que é descrito no discurso freudiano – os impulsionaram à retomada dessa via de pesquisa indicada por Freud, em "Construções em análise", sobre esses *flashes* alucinatórios.

Os referidos autores destacam que, mediante a investigação psicanalítica que empreenderam, puderam constatar que os *flashes* que surgem no analista no decorrer do processo analítico estão intimamente relacionados aos conteúdos clivados do psiquismo do paciente, os quais se encontram numa dimensão predominantemente sensorial. Isto porque tais conteúdos, devido à incapacidade de representação egoica, se expressam, muitas vezes, por meio de impressões sensoriais no plano da contratransferência, ou seja, por movimentos internos que são fortemente despertados no psiquismo do analista. E são estes movimentos internos que levam o analista a essas construções de imagens, isto é, à transformação de elementos puramente sensórios, inefáveis e amorfos, em uma forma que pode vir a se tornar significativa para o paciente.

No que diz respeito ao que leva o analista, no contexto clínico, a esses *flashes*, os autores destacam que esses pacientes submetem o aparelho psíquico do analista a duras provas, dentre elas o mal-estar provocado pela indefinição das representações que o paciente lhe desperta, chegando ao ponto de ele se sentir ameaçado pelo pior, pela ausência destas. "O ego do analista, posto à prova, fragilizado – como talvez o é o ego daquele que dorme, enfraquecido pela regressão narcísica do sono –, frente ao perigo da não representação, vai reagir" (Botella & Botella, 2002, pp. 30-31). E é por meio da figurabilidade que o seu ego "sem saída" encontra uma solução.

No âmbito clínico, o trabalho de figurabilidade do analista, assim como no sonho, é fruto da regressão que os pensamentos dele sofrem no decorrer da sessão. Este trabalho parece ser o melhor, porventura o único, meio de acesso aos conteúdos traumáticos, à "memória sem lembranças", designação que eles atribuem à memória sensorial, desprovida de caráter representacional. Porém, o trabalho de figurabilidade não apenas dá uma forma ao conteúdo clivado, e sim "dá igualmente a *ver* e a *compreender* o 'vivido' de outrora, fora da linguagem, de seu paciente" (Botella & Botella, 2001, p. 1170, trad. nossa), podendo constituir uma via mestra de inteligibilidade na sessão de análise dos pacientes limites.

Porém, a figurabilidade não pode ser reduzida meramente à dimensão de imagem. Ela é fruto de complexo trabalho diurno semelhante ao do sonho noturno. O trabalho de figurabilidade se processa durante a sessão, por meio de uma modalidade de funcionamento mental, presente durante a sessão no paciente e no analista: a *regrediência*. Esta diz respeito a um movimento regressivo que tem lugar no espaço da sessão. O analista se encontra em um estado quase onírico, que lhe permite acessar imagens, cenas, numa espécie de "alucinação", ligada a canais perceptivos, o que lhe possibilita ter acesso a conteúdos traumáticos. Assim, as imagens "vistas" pelo analista seriam a figurabilidade daquilo que, para o paciente, estaria na ordem do irrepresentável (Botella & Botella, 2001).

No que concerne ao paciente, as imagens construídas pelo psiquismo do analista, fruto do trabalho de figurabilidade, podem vir a fornecer alguma contenção ao ego, fragilizado. A construção imagética do analista pode vir a despertar a figuração do paciente e, assim, diminuir a pressão desorganizadora do excesso pulsional, por meio do seu envolvimento. Deste modo, a comunicação entre analista e analisando, por intermédio dessa via da figurabilidade, constitui verdadeira ponte, "conduzindo a vivência não organizada, dificilmente representável para o paciente numa relação com os seus objetos reais, na direção do universo maravilhoso da representação" (Botella & Botella, 2002, p. 31). Isto é, sob os efeitos do poder de captação da figuração do analista, vê-se nascer nos sujeitos um esboço do mundo das representações.

Visando ilustrar e aprofundar as idéias aqui elaboradas, apresentaremos, a seguir, o relato de um caso clínico, comentado em dois tempos, a partir da rica análise de Marianne Baudin (2002).

O caso Tristão: a fase do "branco"

Tristão, nome atribuído por Baudin (2002) ao paciente, é um adolescente que apresenta alopecia total, de aparecimento brusco, algumas semanas antes do início da terapia. Não havia evento recente, nem perceptível, que parecesse tê-la precedido e, para ele, a doença estava fora de questão, parecendo incomodar mais a sua mãe que a ele próprio.

Baudin o descreveu como um ser longilíneo e pálido, que se deslocava com lenta indolência. Seu corpo parecia flutuar, e estava sempre coberto por roupas sem cores precisas, e muito largas. O rosto sem barba, embora não fosse afeminado, tampouco era marcado de virilidade. Sua cabeça, totalmente calva, remetia a crianças que acabam de nascer e, ao mesmo tempo, a pacientes que fazem quimioterapia, envolvidos na luta pela sobrevivência. Seus olhos eram desprovidos de cílios, e ele a olhava de uma maneira que ela denominou de "olhar de pássaro". A aparência de Tristão a levava a se questionar sobre quem poderia ser este homem jovem muito "apagado" com o qual ela se deparava: um fantasma, um anjo, um bebê ou um esquisito pássaro caído do ninho?

O paciente era o filho mais velho e tinha apenas um irmão, quatro anos mais novo. Seus pais haviam feito curso superior, e tinham militado em 1968. Seu pai era pouco presente no seu discurso e no ambiente familiar, devido à profissão. A mãe era uma psicóloga *cheia de interpretações* sempre querendo achar sentido para tudo, o que parecia a Tristão algo vagamente irrisório e, até mesmo, ridículo. A analista sinaliza que escutou isso como um aviso de que não deveria interpretar demais, já que isto o incomodava. Aliás, destacou que esta foi a única expressão verbalizada de queixa que Tristão apresentou nessa primeira fase que ela denominará de "fase do branco".

Tristão não trabalhava, apenas estudava, cursava o último ano do segundo grau, e há vários anos tinha resultados escolares medianos. Todos os seus projetos eram vagos e sem desejos precisos. No âmbito social, ele era restrito e tinha poucos amigos. Fumava muita maconha, às vezes com os amigos, mas frequentemente sozinho. Fazia música como amador e amava desenhar coisas abstratas, linhas, espirais. Não tinha namorada, nem histórias de amores. Não havia nenhum projeto, em nenhuma esfera de sua vida: tudo era liso, neutro, marmóreo, tanto na sua existência como na sua aparência. Baudin sublinhou que, no decorrer do tratamento, seu "mundo interno ia começar a se revelar da mesma estranha palidez. Tristão, que não me ouvia, me dava a ver sobretudo que *não havia nada pra ver*" (Baudin, 2002, p. 43, trad. nossa), o que mostrava o quanto o branco, a inércia psíquica, marcava a sua vida.

A "*sensorialidade do branco*", marca da primeira fase do tratamento, como destacou a analista, se instalou para residir de maneira onipresente durante longos meses no curso do primeiro ano de psicoterapia. Tristão parecia atravessar a vida tomado por uma tristeza sombria, relatando apenas impressões vagas. Durante as sessões era pouco loquaz, se exprimia em frases breves, com voz monocórdia e nem sempre audível.

Pouco a pouco começou a evocar paisagens oníricas que povoavam seus sonhos e vários devaneios diurnos desde a infância. Por meio de sua voz quase extinta, relatava sonhos repetitivos: sonhos de neve, de imensidões de colinas brancas confundidas com um céu da mesma cor. Porém, o silêncio sucedia a estas "evocações desérticas", e ele não fazia nenhuma associação. A analista propunha suas associações, mas não obtinha retorno.

Diante desses relatos, Baudin (2002) descreve que se sentia envolvida pela "cegante brancura" e buscava o mínimo traço de vida psíquica, de condensação, de simbolização. A brancura e as formas redondas dos espaços gelados a levaram a pensar em uma maneira de geografia corporal feminina, maternal e leitosa como a pele do paciente. Então, lhe propôs uma ligação entre todo este branco e o leite, mas não obteve nada além de um olhar tedioso. Frente a isso, ela se perguntava se o branco que mantinha o paciente refém – e que também a capturava, mas de outra maneira – não seria uma nostalgia de infância.

Este *imobilismo* foi "o primeiro 'movimento' transferencial de Tristão e eu aceitei atravessar com ele os espaços vazios à procura de um caminho que nos permitisse sair do atolamento da letargia" (Baudin, 2002, p. 44, trad. nossa). De acordo com a autora, a sua própria pulsão escópica e seu desejo de saber tinham se mobilizado, sem dúvida à medida dos contrainvestimentos dele. Contudo, era muito difícil compreender o sentido deste branco capturante, mas mesmo assim ela continuou a se questionar sobre diversas possibilidades.

Tristão um dia relata à analista um sonho recente. Era o mesmo de sempre, mas desta vez havia um pequeno personagem: uma silhueta de homem, cinza e minúscula. A analista, então, se indaga: o que a entrada deste personagem poderia estar sinalizando? Seria o "terceiro" que estava aparecendo aqui? Ela, então, aponta para o paciente que, neste sonho, diferentemente dos outros havia a representação de um personagem, talvez de um homem, mas em todo caso um ser humano, vacilante, mas vivo e que vinha, enfim, marcar um lugar. Porém, suas observações permaneciam sem eco, sem propiciar associações.

No decorrer do tratamento Tristão também relatou devaneios diurnos: uns encenados nos seus jogos infantis com o irmão, e outros que ele ainda tinha, frequentemente, no momento antes de adormecer. Tais devaneios eram sempre assombrados por formas brancas de mulheres distantes e frias, sempre vestidas de branco. Nestes, Tristão buscava a compaixão delas, pois diante delas se sentia frágil e perdido: elas sabiam o que ele devia fazer, e ele lhes obedecia sempre para tornar-se valioso a seus olhos. Mas ao mesmo tempo era submisso a elas. Começavam a aparecer imagens de submissão, e apesar de nunca ter confidenciado um cenário sadomasoquista, ele revelava mediante estas imagens a inclinação dos seus desejos eróticos: "Tristão me aparecia como o cavaleiro lívido de uma dama branca, à qual era devotado, sem nenhuma compensação diretamente sexual, obedecendo apenas às regras do amor cortês" (Baudin, 2002, p. 45, trad. nossa).

Baudin (2002) constatou que estes devaneios, quando precediam o sono, tinham um valor paraexcitante. A mulher que o dominava, nos cenários, aliás, bastante imprecisos, era quase a imagem dele: sem cor, e flutuante em roupas de fantasma. Tudo isso lhe fazia pensar o paciente numa posição "*mortificante*", mas, ao mesmo tempo, também numa posição "*mortificada*". Isso a levou a pensar na inversão pulsional entre atividade e passividade, na repartição mestre e servidor: quem domina quem? E quem depende de quem? Enfim, no que ela sentia durante as sessões como um esvaziamento sensorial e pulsional que a levava a pensar em uma figura "sangrando branco".

Nesta época, se produziu, no cerne dos complexos registros da sensorialidade, na transferência e na contratransferência, um evento que marcou uma radical virada na terapia e, de acordo com ela, foi o que lhe permitiu, talvez, verdadeiramente começá-la.

Aconteceu que um dia Baudin (2002) recebeu Tristão ao acabar de experimentar um novo batom. Evento mínimo, mas ao se assentar diante dele, ela não se sentia à vontade, se arrependendo do vermelho vivo demais para ela, e pouco discreto. No entanto, já estava feito, e Tristão caiu na armadilha que seu inconsciente, ou seu pré-consciente, havia feito.

Baudin (2002) sublinha que este evento lhe fez compreender, mais uma vez, que mesmo defendendo o seu corpo, o corpo neutro do analista, na sua realidade própria, é parte envolvida nas situações psicoterápicas. Diante desta compreensão, ela se viu diante da necessidade de buscar compreender o que ela tinha atualizado naquele momento do processo terapêutico de Tristão.

Inicialmente, ela explicou esse ato por meio da ideia de que há pacientes que nos levam a colorir nossa contratransferência, para que o analista possa manter sua capacidade de pensar e, assim, conseguir favorecer neles a introjeção de um objeto suficientemente vivo que venha habitar o mundo interno ou despertá-lo.

No entanto, além desta explicação, continente e asseguradora, que se referia à sua contratransferência, a analista foi levada a reconhecer que pouco a pouco, sentia sobre ela a ameaça de se tornar para o seu paciente uma dessas "Damas brancas" que lhe impunham seus códigos e o ajudavam na posição de inércia. O fato de, até então, as suas palavras não terem promovido muito efeito, fez com que ela começasse a se desesperar quanto ao próprio recurso da linguagem. No entanto, ela não perdia a esperança com a situação terapêutica. Então o vermelho que havia mostrado a Tristão por meio de seu batom foi uma busca inconsciente de promover mudanças, e isso devia permitir à analista e ao analisando ter acesso a algum sentido, escondido até aqui atrás dos véus, das brumas e das telas tão brancas.

O caso Tristão: a fase do "vermelho"

Baudin (2002) destacou que o vermelho do seu batom teve sobre o paciente efeito imediato, surpreendendo-a, pois, como o "impacto de um clarão sensorial": duas lembranças surgiram brutalmente no espaço desta sessão.

Tristão, então, lhe contou que quando era pequeno tinha o hábito de viver em grande intimidade corporal com seus pais, e ocorreu que um dia ele viu o seu pai com uma ereção. O pai tentou esconder seu sexo dos olhos do filho, e tal atitude provocou o riso da mãe. Deste episódio ele guardava um vago sentimento de mal-estar, e a analista lhe fez observar que ele se encontrou constrangido como seu pai, enquanto sua mãe não parecia estar exatamente como eles.

Depois Tristão relatou que quando tinha em torno de 5 anos, entrou no quarto de seus pais e viu sua mãe nua sobre o leito. Ela lhe pediu que ele se aproximasse e abriu as pernas, para lhe mostrar o seu sexo e explicar que era por ali que se fabricavam as crianças, como o irmão que acabava de nascer. Ele, então, aproximou a sua mão deste sexo aberto, "ofertado", pelo menos à sua vista, porém, sua mãe o repeliu, com o mesmo riso de sempre, lhe dizendo que dali vinha também o prazer e que ele não tinha o direito de tocá-lo. No entanto, ele tinha, de alguma maneira, "tocado" com os olhos, e o interdito nunca apagou a excitação – e uma intensa vontade de tocá-lo ficou guardada.

A analista destacou que, nessas duas cenas relatadas, Tristão tinha entendido o riso de sua mãe acompanhar a *desnudação do sexo*. Da segunda cena, dizia ter guardado a lembrança de uma impressão forte, relativa ao vermelho do sexo, que foi associado por ele, espontaneamente desta vez, à visão do sangue, ao odor do sangue e à podridão. Tal associação indicava que ele estava conseguindo dizer sobre sua inquietação e seu nojo absoluto. A atenção ao vermelho que o paciente, até então, tinha tão bem ocultado, havia ressurgido diante da visão *do batom vermelho*. Isso levou Baudin (2002) a perceber que ela tinha se apresentado a seu paciente como uma figura maternal novamente excitante, e somente o enquadre psicoterapêutico, pacientemente estabelecido, permitiu que não se repetissem os efeitos de uma cena traumática de sedução.

No que concerne às lembranças, consideramos interessante refletir sobre o modo como a analista destacou que elas vieram à tona – sob o "impacto de um clarão sensorial": isso nos faz pensar, à luz das contribuições de Botella e Botella (2002), em um retorno violento da "cena traumática" intacta na forma de uma ab-reação.

Baudin (2002) ressalta que essas duas lembranças permitiram-lhe constatar que a corrente libidinal estava (re)estabelecida, embora difícil de suportar, devido à violência da força de expulsão das reminiscências sensoriais. Neste período da terapia ela ressaltou que tudo para Tristão parecia vermelho: ele falava de maneira mais fluida, seu discurso se colorindo do vermelho da excitação. Do vermelho da cólera e da frustração.

Todavia, o paciente continuava a evocar também e de maneira bastante crua, o vermelho do sexo de sua mãe, percebido como um vermelho escuro, horrível e sanguinolento, evocando para ele a decomposição. Na cadeia associativa que doravante percorria o espaço da sessão, esse vermelho era descrito como um vermelho escuro, um "*cramoisi*" (carmim), como uma forma de condensação de "*cramé*" (queimado) e de "*moisi*" (mofado). O que indicava que o sexo feminino era, para Tristão, ao mesmo tempo, lugar de fogo e decomposição, de atração e aniquilamento, de expulsão e de engolfamento. Assim, o vermelho do batom da analista tinha vindo se inscrever sobre o mundo branco de Tristão, ressuscitando as "lembranças" e as sensações que as tinham acompanhado.

Para a analista, o que se revelava, nessa nova fase do tratamento, era que o ego nascente do seu paciente, isto é, ainda em constituição no momento dessas cenas nas quais ele era o pequeno parceiro edipiano de uma mulher propriamente enlouquecedora para ele, havia assim tentado se salvaguardar. Deste modo, a partir dos movimentos de amor e de ódio que o levavam para o flamejante e decepcionante objeto de seu desejo, tinha se organizado, de maneira defensiva, uma divisão entre a mulher castrada e exibida, vermelha e podre, e a mulher idealizada, branca, fina, escondida e impalpável. O branco neve dos sonhos e devaneios era aqui para velar, cobrir, o vermelho da sexualidade. A analista destacou que foi este o mecanismo que permitiu a Tristão "colocar de lado o que é inesquecível" (Baudin, 2002, p. 50, trad. nossa) e que, na sessão, havia retornado no campo alucinatório perceptivo-motor.

No decorrer desta fase do tratamento, diversos "materiais" psíquicos, de maneira aleatória, emergiram nas sessões. O vermelho do sexo materno, que para o paciente evocava decomposição, lhe trouxe tenaz *lembrança olfativa*, de odores de putrefação, marcante na cena do sexo "aberto" de sua mãe.

Tristão, nesta fase, também, começou a desenhar muito: personagens com armas e armaduras. Já referimos aqui que ele contou que, da infância até a adolescência, desenhava espirais. Estas se caracterizavam por ser brutas, repetitivas, "secas", de alguma maneira, sem brilho. Segundo ele próprio, era "um movimento, uma linha que se enrola. Só isso" (Baudin, 2002, p. 51, trad. nossa). A analista ressalta que ele não dizia nada além disso, e não tinha nenhuma lembrança de ter saído desta linha abstrata, nem deste movimento dado a sua mão e a seu braço, para fazer outra coisa com eles, mais figurativa.

A sensação buscada por Tristão nos desenhos levou a analista a pensar nas suas outras buscas de sensação: a música e a maconha. A propósito da música, ele sempre se referia diretamente ao instrumento e se recusava a toda aprendizagem verdadeira e, particularmente, a aprender o solfejo. Ele tocava, efetivamente, por instinto, de ouvido, sem, forçosamente, se harmonizar aos outros músicos. Ele dizia que era guiado pelo ritmo e pelo balanço, o que levou Baudin (2002) a perceber que ele buscava, na música, a oscilação, a *sensação sonora* que se propagava em *sensação interna, cinestésica.*

Fumando maconha ele buscava ficar "doido", até o torpor. Buscava ser ele mesmo tomado num movimento vertiginoso que figurava os espirais ou os círculos que envolviam a música, nos quais ele se balançava, ao preço do apagamento de todo afeto e toda representação. Buscava, também, a suspensão do pensamento pela percepção essencial de suas sensações.

Todos esses "movimentos" eram marcados por uma paradoxal busca da calma pela estimulação sensorial. Todas as sensações eram ligadas à circularidade, à figuração do círculo, e evitavam a representação do corte, criando a ilusão da não separação. Os movimentos repetitivos deste paciente não lhe permitiam tornar--se o dominador da ausência do objeto e, assim, elaborar a sua representação. Tristão, desenhista, pintor ou músico, era só ator e criador de simples objetos de figuração, e estes tinham como efeito o redobrar da sensação, isto é, esta se transformava em um signo, o qual voltava a se inscrever sobre a "superfície" oferecida pelos órgãos de sentidos.

Na repetição do gesto ou do som, num ritmo que retorna sem cessar, Tristão buscava os prazeres de se sentir vivo, de "dominar" o inefável e obter um *resto, um contorno*: seja o desenho que torna *quase* visível a fonte do terror, ou a música quase palpável pelo tocar da corda ao ritmo interno. Baudin, então destaca que essas abordagens pelo *quase* são características da figurabilidade, e se encontram situadas tão perto da extremidade sensorial do aparelho psíquico, que se fazem a base da representação.

Na fase do vermelho, foi pela via do visual que a analista tentou, prudentemente, reencontrar os afetos e as marcas psíquicas que pareciam sufocados e, com eles, a capacidade de ligação e simbolização, e a disponibilidade dos processos de pensamento. Tristão havia se constituído prisioneiro de um branco "impiedoso" para escapar da força aspirante do "buraco negro", imagem que evocava o sexo materno.

As angústias, edipianas e arcaicas, presentes no funcionamento psíquico de Tristão, às vezes eram mascaradas e atenuadas pelo recurso a múltiplas formas de sensorialidade, como o visual do branco, o movimento espiral, o tocar e o ouvir. De acordo com Baudin (2002), foi somente atravessando junto "as provas" que eles puderam progressivamente expelir o conteúdo latente do que era "manifesto demais". Com efeito, as cores afixadas pelo paciente, em todos os lugares, suas cinestesias tão investidas, enfim, todo o material manifesto barrava e oprimia a mobilidade psíquica.

Apenas depois de muitos meses de tratamento, como marcou a analista, o discurso do paciente se tornou menos inibido e o conflito pulsional emergiu, nas suas formas complexas, entre atividade e passividade, entre amor e ódio, entre desejo e interdito, permitindo, então, que Tristão pudesse sair de seu recolhimento narcísico e das soluções repetitivas e custosas que havia até então desenvolvido. Ele tomou consciência de que em todas essas cenas, que relatamos aqui, havia sido testemunha passiva, mas que ele tinha sentido sensações que eram também emoções e sentimentos, ou seja, que ele tinha lugar, que era "parte presente" no que lhe acontecia. Isso o fez perceber, também, que os eventos tinham tido ressonância interna cujo eco se prolongava nas suas experiências sensoriais atuais. Como a própria analista disse, foi "encontrando os afetos e as representações que pudemos 'dar sentido'. Partilhar com ele os afetos e nomeá-los me permitiu verbalizar alguma coisa da minha contratransferência, e fazer cessar, nele, a excitação, o terror" (Baudin, 2002, p. 56, trad. nossa).

Com esse estudo do material clínico de Tristão, caso relatado por Baudin (2002), finalizamos o nosso desenvolvimento teórico. Neste relato encontramos vias bastante frutíferas para mostrar os matizes e a complexidade desse manejo.

No âmbito clínico, o trabalho de figurabilidade do analista, assim como no sonho, é fruto da regressão que seus pensamentos sofrem no decorrer da sessão. Segundo César e Sara Botella, este trabalho parece ser o melhor, porventura o único, meio de acesso aos conteúdos traumáticos, à "memória sem lembranças", designação que atribuem à memória sensorial, desprovida de caráter representacional. O trabalho de figurabilidade não apenas dá uma forma ao conteúdo clivado, mas "dá igualmente a *ver* e a *compreender* o 'vivido' de outrora, fora da linguagem, de seu paciente" (Botella & Botella, 2001, p. 1170, trad. nossa), podendo constituir uma via mestra de inteligibilidade na sessão de análise.

Por intermédio dessa via da *figurabilidade*, a comunicação entre analista e analisando constitui verdadeira ponte, "conduzindo a vivência não organizada, dificilmente representável para o paciente numa relação com os seus objetos reais, na direção do universo maravilhoso da representação" (Baudin, 2002, p. 31, trad. nossa). Ressaltamos, contudo, que o trabalho de figuração propicia, em princípio, a contenção dos elementos traumáticos, capaz de favorecer a redução da pressão desorganizadora do excesso pulsional.

Isso significa que ainda haveria um caminho importante a ser percorrido no processo analítico para que esta "figuração" do traumático viesse a se inscrever no universo das representações. Queremos dizer que a *construção de imagens*, por meio da qual se pode realizar uma primeira apreensão de elementos traumáticos – dando-lhes uma forma figurativa – pode vir a propiciar, ulteriormente, os meios de um efetivo trabalho de ligação.

Referências

Baudin, M. (2002). Tristan Le Chevalier Livide et La Dame Blanche. In J. André (Org.), *La vie sensorielle – La Clinique à l'épreuve des sens* (pp. 39-67). Paris: PUF.

Bertrand, M. (2008). Construire un passé, inventer un possible, *Revue Française de Psychanalyse*, *72*, 1359-1417.

Birman, J. (1991). A constituição de um saber interpretativo. In J. Birman, *Freud e a experiência psicanalítica* (pp. 71-103). Rio de Janeiro: Relume Dumará.

Botella, C., & Botella, S. (2001). Figurabilité et régrédience, *Revue Française de Psychanalyse*, *65*, 1149-1239.

Botella, C., & Botella, S. (2002). *Irrepresentável: mais além da representação*. Porto Alegre: Criação Humana.

Cardoso, M. R. (Org.). (2004). *Limites.* São Paulo: Escuta.

Cardoso, M. R. (2006). A insistência do traumático no espaço psíquico e analítico. In M. R. Cardoso, & C. A. Garcia (Orgs.), *Entre o eu e o outro: espaços fronteiriços* (pp. 47-63). Curitiba: Juruá, 2010.

Duparc, F. (2001). Construction: l'art du temps, l'art de la rencontre. In J.-J. Baranes, & F. Sacco (Eds.), *Inventer en psychanalyse: construire et interpreter* (pp. 7-28). Paris: PUF.

Enriquez, M. (1978). L'indicible et l'écriture, *Topique Revue Freudienne*, (21), 47-66.

Freud, S. (1900). A interpretação dos sonhos. In S. Freud, *Edição Standard Brasileira das Obras Psicológicas Completas de Sigmund Freud* (Vol. IV-V). Rio de Janeiro: Imago, 1996.

Freud, S. (1918). História de uma neurose infantil. In S. Freud, *Edição Standard Brasileira das Obras Psicológicas Completas de Sigmund Freud* (Vol. XVII, pp. 15-129). Rio de Janeiro: Imago, 1996.

Freud, S. (1937). Construções em análise. In S. Freud, *Edição Standard Brasileira das Obras Psicológicas Completas de Sigmund Freud* (Vol. XXIII, pp. 273-287). Rio de Janeiro: Imago, 1996.

Gurfinkel, D. (2008). *Sonhar, dormir e psicanalisar: viagens ao informe.* São Paulo: Escuta

Lejarraga, A. L. (1996). *O trauma e seus destinos.* Rio de Janeiro: Revinter.

Tisseron, S. (2005). *Psychanalyse de l'image des premiers traits au virtuel.* Paris: Dunod.

"A sexualidade ampliada no sentido freudiano":[1] breves considerações sobre psicanálise e direito

Paulo de Carvalho Ribeiro

Preâmbulo

Há alguns anos assistimos a uma grande discussão sobre a existência de novas formas de sofrimento psíquico típicas da época atual e a consequente necessidade de dotar a psicanálise com novos recursos conceituais e clínicos capazes de responder a essas mudanças. Entre os desafios a ser enfrentados pelos psicanalistas na atualidade, destaca-se a tarefa de lidar com fenômenos psíquicos cuja descrição metapsicológica e cujo manejo clínico requerem a superação dos limites impostos pela concepção freudiana do sofrimento psíquico neurótico, fundada nas ideias de conflito, recalque e retorno do recalcado. Da mesma forma, os modelos teóricos freudianos e pós-freudianos na abordagem das psicoses, centrados no conceito de *Verwerfung* e na ideia de déficit simbólico, também parecem insuficientes para a compreensão de muitos aspectos dessas novas configurações psicopatológicas. Como parte desse trabalho de

---

1 Subtítulo da coletânea de textos de Jean Laplanche (2007) intitulada *Sexual: la sexualité élargie au sens freudien.*

reposicionamento teórico e clínico da psicanálise, tem ganhado força uma série de questionamentos sobre os limites da representação relacionados ao trauma (Borges & Cardoso, 2011), às chamadas patologias contemporâneas (Herzog, 2011) e, enfim, a tudo que pode ser englobado sob a designação de não neurose (Minerbo, 2009). O aspecto mais interessante desses questionamentos sobre os limites da representação situa-se, a nosso ver, em sua relação com um questionamento dos limites da sexualidade como dimensão privilegiada na abordagem psicanalítica do sofrimento psíquico. Se para Freud a sexualidade se encontra na origem das neuroses, psicoses e perversões, quando se trata de lidar com fenômenos psicopatológicos como pânico, transtornos alimentares, estados compulsivos, adicções, estados depressivos, entre outros, a origem sexual tende a perder força e ser substituída por explicações que privilegiam os conceitos de compulsão à repetição e pulsão de morte, mantendo-os desconectados do sexual. Outra incidência dos questionamentos sobre os limites da representação envolve a própria concepção de inconsciente e pode contribuir para que este também seja desligado do sexual como, por exemplo, na tentativa de associar alguns fenômenos psicossomáticos à existência de um inconsciente amencial (Dejours, 2003), ou seja, um inconsciente que além de não representacional e não sexual seria também não mental.

Diante deste cenário, torna-se fundamental refletir sobre os limites de Eros e principalmente estabelecer uma relação clara entre Eros, o inconsciente e o sexual. Neste sentido, distinguimos duas vertentes de reflexão crítica. Por um lado, vemos como indevida toda tentativa de redução de Eros ao campo do amor, do narcisismo e das pulsões de vida, visto que tal redução nos afasta do sexual no sentido mais propriamente freudiano, ou seja, o sexual polimorfo, fragmentado e muitas vezes antivital. Não ignoramos o fato de que encontramos no próprio Freud vários elementos que favorecem essa redução, mas isso não impede que interpretemos esses elementos como extravios na trajetória de um pensamento fundado na descoberta da sexualidade infantil (Laplanche, 1993). Por outro lado, discordamos do confinamento do sexual nos limites estreitos de uma concepção do inconsciente inteiramente fundada no funcionamento binário dos significantes, reduzindo-o a uma consequência da falta estrutural, da castração simbólica e do poder ordenador do significante fálico.

Tanto a visão limitada do que pode ser considerado erótico quanto o enquadramento do inconsciente dentro dos limites de uma abordagem linguístico-estrutural impedem uma apreciação adequada da importância do sexual nas formas atuais de sofrimento psíquico. Sem perder de vista a primeira vertente, nos debruçaremos no presente texto sobre a segunda, pois ela nos permitirá estabelecer uma conexão com outro tema de nosso interesse, a saber, a interlocução entre direito e psicanálise. Nosso ponto de partida será a crítica de uma perspectiva que busca estabelecer oposições muito bem definidas, gerando polaridades que funcionam no modo binário e acabam por distanciar tanto a psicanálise quanto o direito de uma realidade que não comporta limites tão precisos e que resiste às oposições binárias supostamente inquestionáveis e insuperáveis. Trata-se, portanto, de uma proposta de ampliação dos limites do que se pode entender como sexual e de uma reflexão sobre o impacto dessa ampliação na compreensão da violência e de outras questões atinentes aos campos do direito e da psicanálise.

Responsabilidade e resposta: entre psicanálise e direito

A tentativa de Hans Kelsen (1960) de fazer uma distinção nítida entre ciência jurídica e direito no sentido amplo é um excelente ponto de partida para uma discussão sobre a amplitude do sexual e sua relação com o direito e a psicanálise. A pretensão de se estabelecer uma teoria pura do direito, expurgando-a de todos os problemas relacionados à moral, à justiça e à sociologia do direito, reflete o ideal positivista de eliminar todo traço de subjetividade daquilo que seria uma norma jurídica absolutamente clara e objetiva, logo, passível de ser aplicada sem distorções ou desvios em qualquer situação que se apresente. Entre os filósofos do direito, as críticas a essa posição teórica são numerosas (Radbruch, 1997), mas não é necessário ser um estudioso dessa área para perceber o caráter artificial da solução que Kelsen pretende dar a um dos maiores problemas com os quais se defronta a filosofia do direito, a saber, a ausência de um referencial externo, supra-humano embora endereçado aos humanos, a partir do qual fosse possível estabelecer os fundamentos éticos, ou algo que pudéssemos considerar como valores absolutos a serem observados em qualquer situação e a qualquer tempo. Basta refletirmos rapidamente sobre a evolução das leis e das doutrinas jurídicas ao longo da história para constatarmos que os valores e princípios aparentemente consensuais e óbvios aos olhos de qualquer cidadão ocidental neste início de milênio não são exatamente os mesmos que inspiraram as leis que vigoravam em épocas não tão distantes da atual. A essa dificuldade, a psicanálise vem acrescentar uma outra ainda mais problemática para quem quer que ainda pretenda revestir de uma racionalidade positivista a criação e o uso das leis. Trata-se da constatação de que não só não existe uma instância acima de nós mesmos, mas que o próprio "nós mesmos", ou seja, os próprios "eus" são instâncias divididas e submetidas a forças que lhes aparecem como estrangeiras. Esta "estraneidade" (*étrangèreté*) é precisamente o pivô em torno do qual Laplanche (1999) faz girar toda sua reflexão sobre o deslocamento da noção de responsabilidade em direção da noção de resposta, deslocamento este que nos interessa aqui de forma especial devido a sua evidente relação com o direito. Seu argumento principal se resume na ideia de que antes de pensarmos na responsabilidade das pessoas pelos seus atos, antes de nos apressarmos, por exemplo, a concluir que a sanção é um direito do criminoso e que tem para ele um valor terapêutico, deveríamos nos deter sobre as vicissitudes da resposta que uma determinada condição antropológica fundamental nos obriga a dar. A condição prévia para pensarmos sobre a importância e a possibilidade de *responder por* é o reconhecimento de que algo constitutivo da própria condição humana nos interpela e nos obriga a *responder a*, isto é, responder ao que nos vem do outro e se instala em nós como alteridade interna. Essa condição antropológica fundamental, para ir diretamente ao que interessa, é a condição da criança exposta à sexualidade inconsciente do adulto e aos efeitos de desligamento que essa exposição produz. Para Laplanche, o aspecto mais decisivo do inconsciente é seu caráter não unificável, ou seja, sua impossibilidade de se organizar num todo coerente e ser compatível com as exigências de síntese e continuidade que regem a manutenção do nosso sentimento de identidade, nosso eu. Isso acarreta também sua incompatibilidade com a própria manutenção da integridade física, logo uma impossibilidade de se compatibilizar com o respeito à vida. Os elementos sexuais inconscientes que se apresentam à criança e participam da criação de verdadeiros corpos estrangeiros internos do psiquismo estarão sempre agindo no sentido da não integração, da dispersão dos sentidos e dos impulsos, do desrespeito ao que somos capazes de reconhecer como nós mesmos e, quiçá, do desrespeito aos princípios vitais. É nesse sentido que podemos dizer que eles são violentos na exata proporção em que são sexuais: atacam o próprio indivíduo e dele exigem uma resposta que com frequência se apresenta como violência dirigida ao outro e a si mesmo. Isso nos leva a propor uma primeira ampliação dos limites de Eros: se há uma sobreposição entre Eros e sexual, o erótico não pode se limitar ao amor, à *philia*, e à ideia de união, sob pena de perder sua dimensão propriamente psicanalítica. A psicanálise nos convida sempre a pensar a violência como eminentemente sexual (Cardoso, 2004) e para isso é preciso ir além das pulsões de vida.

No âmbito do direito, em que a questão da condenação e punição da violência se coloca cotidianamente, é fundamental que se leve em conta essa dimensão sexual da violência para que se possa entender que a própria punição estabelecida pela lei pode tornar-se um instrumento para o exercício da violência sexual. Se para os que são familiarizados com a psicanálise os imperativos do superego aparecem nitidamente como inseparáveis dos imperativos da pulsão sexual, é preciso que os estudiosos do direito se deem conta de que a imposição da lei pode se confundir com um meio de satisfação dessas mesmas pulsões. A resposta exigida de cada um ao ataque interno da pulsão sempre poderá influenciar desde a sentença proferida pelo juiz até o tratamento dispensado ao condenado pela carceragem.

Antes, porém, de avançarmos em nossas considerações sobre a resposta e a responsabilidade no direito, consideramos necessário estender a reflexão sobre a alteridade a todo o campo da autoria. De fato, seria injusto restringir apenas à autoria criminal a dimensão de estraneidade e todos seus efeitos. Nas artes, na religião e na psicopatologia, para citar apenas campos diretamente abordados por Laplanche, a mesma questão se coloca. Foi certamente com a intenção de valorizar essa amplitude do problema da alteridade que ele escolheu o título *Entre sedução e inspiração: o homem* (1999) para a coletânea onde se encontra o texto "Responsabilidade e resposta". No artigo que abre essa coletânea, "Sedução, perseguição, revelação", o papel do outro na constituição psíquica é mais uma vez apresentado em termos de sedução generalizada e inconsciente da criança pelo adulto, para, em seguida, ser relacionado tanto à experiência religiosa de revelação quanto à experiência psicótica de perseguição; num e noutro caso o que está em ação é a estraneidade interna e sexual proveniente da sedução pelo outro, e não algo que possa ser reduzido, respectivamente, a uma simples manifestação divina ou a uma projeção no exterior dos conteúdos hostis do próprio psicótico. Já no artigo que fecha a coletânea, "Sublimação e/ou inspiração", ao defender a ideia de que a criação artística é vetorizada por um tipo de busca/investigação (*quête*), Laplanche afirma que o vetor da inspiração tem sempre a mesma direção da sedução, ou seja, parte do outro em direção ao artista e tem, portanto, uma direção centrípeta, ainda que o trabalho de busca mostre o esforço do artista e sugira uma direção centrífuga do processo de criação.

No campo da literatura, o problema da autoria também se apresenta com frequência. Há muito se fala sobre a morte do autor, mas nem sempre a discussão sobre o que vem no lugar do autor morto atinge a profundidade que o tema requer. Na França, onde o problema da autoria foi objeto de numerosas reflexões, as abordagens de Roland Barthes e Michel Foucault contribuíram para a destituição do autor/sujeito em benefício da autonomia da linguagem[2] ou da "função autor"[3]. Em contraposição a esse ponto de vista fortemen-

---

2 Cf., por exemplo, a seguinte passagem de "A morte do autor": "Na França, Mallarmé, sem dúvida o primeiro, viu e previu em toda sua amplitude a necessidade de colocar a própria língua no lugar daquele que dela era até então considerado o proprietário; para ele, como para nós, é a linguagem que fala, não o autor; escrever é, através de uma impessoalidade prévia, . . . atingir esse ponto onde só a linguagem age, 'performa', e não 'eu': toda a poética de Mallarmé consiste em suprimir o autor em proveito da escritura" (Barthes, 1988, p. 66).

3 Cf., por exemplo, a seguinte passagem da conferência "O que é um autor": "Falei de uma certa temática que se pode localizar tanto nas obras como na crítica, que é, se vocês querem: o autor deve se apagar ou ser apagado em proveito das formas próprias ao discurso. Isto posto, a pergunta que eu me fazia

te marcado pelo estruturalismo, a contribuição ao estudo da autoria que poderia ser extraída das formulações de Laplanche sobre a inspiração (1999a) ou sobre a responsabilidade do sonhador pelo conteúdo dos seus sonhos (1999b) certamente não se pautaria pela afirmação de uma autonomia da linguagem ou do simbólico, mas sim por uma forma de possessão na qual a destituição do autor estaria vinculada aos efeitos da mensagem do outro, ou seja, à inevitável transformação dessas mensagens em verdadeiros objetos internos que atacam, que funcionam como fonte da pulsão e descentram o sujeito à medida que fazem prevalecer a passividade do eu perante as exigências do inconsciente.

Chegamos assim a um ponto do texto de Laplanche sobre responsabilidade e resposta que nos parece fundamental para qualquer discussão sobre direito e psicanálise, uma vez que nos permite melhor avaliação do significado e abrangência do sexual num e noutro campo. Trata-se do ponto em que uma escolha se impõe entre duas concepções de alteridade, logo, entre duas formas bem distintas de se pensar a responsabilidade das pessoas pelo que, a princípio, poderíamos considerar como seus atos. Se afirmamos no início deste texto que não existe um referencial supra-humano que nos permita apoiar o estabelecimento de princípios e valores fundamentais em uma instância acima das contingências inerentes à condição humana, é preciso também afirmar que nossa concepção da alteridade não deveria se prestar a fazer entrar pela porta dos fundos aquilo que foi barrado na porta da frente. Com efeito, se recusamos o apelo à solução divina ou natural e nos distanciamos de qualquer fundamentalismo religioso, e se ao criticarmos também a perspectiva positivista, implicitamente sugerimos que a

---

era a seguinte: o que essa regra do desaparecimento do escritor ou do autor permite descobrir? Ela permite descobrir o jogo da função autor" (Foucault, 1969, p. 294).

ciência não deve ser alçada à condição de critério absoluto da verdade; devemos também recusar uma concepção psicanalítica da alteridade que nos exponha ao risco de atribuir a outra instância com pretensões transcendentais o poder não só de explicar nossos atos como o de ordenar ou prescrever normas de conduta. Em outras palavras, devemos escolher entre uma concepção de alteridade baseada no determinismo da linguagem e do simbólico e outra em que o descentramento resulta da contingência de cada encontro entre um adulto e uma criança, das vicissitudes de cada mensagem endereçada e recebida.

Possessão demoníaca ou estrutura da linguagem? Homens ou normas fundamentais?

A situação antropológica fundamental proposta por Laplanche baseia-se num primado da infância que não se define pelo aspecto temporal, ou seja, um antes que influencia um depois, mas essencialmente pela situação de dissimetria em que um ser em constituição encontra-se passivo e desarmado perante as mensagens do outro. Seria um erro pensar que esta situação encontra-se superada no adulto, ou que esse outro possa ser pensado em termos impessoais, como a estrutura da linguagem, por exemplo. O primado da infância permanece no adulto como outro do adulto, como instância antropomórfica (Laplanche, 1999c), logo como algo passível de se manifestar como possessão. Há, portanto, significativa diferença entre ser "possuído" pelo grande Outro da linguagem, pelas leis que regem o significante, e ser possuído no sentido demoníaco indicado por Freud (1895) nos *Estudos sobre a histeria*. Como lembra Laplanche no artigo sobre responsabilidade e resposta, quando Freud elogia a teoria de Charcot sobre a histeria, é justamente a importância que este último concede à possessão que é destacada, pois ela permite superar a explicação "em primeira pessoa", ou seja, a teoria simulatória segundo a qual tratar-se-ia de uma intenção de engodo e simulação por parte das histéricas. Laplanche reforça ainda mais a importância da possessão no pensamento de Freud ao lembrar o fato de que, convidado a escolher dez livros a serem levados para um ilha deserta, a obra de Johannes Weir intitulada *De praestigiis daemonum, et incantationibus ac veneficiis* (*Das ilusões dos demônios, enfeitiçamentos e bebidas envenenadas*) foi incluída entre eles.

Nessa perspectiva freudiana da possessão demoníaca, a alteridade que nos assombra não tem, por assim dizer, a dignidade da estrutura da linguagem, das leis do significante ou do registro simbólico, e sim o prosaísmo da sexualidade inoculada na criança pequena pela criança inconsciente no adulto. É uma perspectiva que Laplanche não associa a nenhuma ética nem a nenhuma moral da psicanálise e que só lhe permite afirmar, no parágrafo final de seu texto sobre responsabilidade e resposta, "uma ou duas coisas que [ele] acredito[a] saber" (1999d, p. 172). Uma delas é que a situação analítica é o principal espaço, senão o único, onde o ser humano pode reelaborar suas respostas à estraneidade do sexual, em si mesmo em primeiro lugar e talvez "*au dehors*", quer dizer, lá fora, na sociedade. Não há, portanto, nessa perspectiva da possessão nada que autorize a prescrição ou a interdição de condutas e práticas fundadas no que seria uma ética da psicanálise. Não caberia, para citar dois exemplos bem atuais, condenar todas as práticas, principalmente as cirúrgicas, que favorecem ou propiciam a mudança de sexo em transexuais; da mesma forma que não caberia contraindicar a adoção de crianças por casais homoparentais em nome de uma ética do significante que, nesses casos, parece se distinguir muito mal de um moralismo fálico. Sobre esses dois pontos polêmicos, a saber, o direito à mudança de sexo dos transexuais e o direito dos casais homoparentais de adotar crianças, o máximo que a concepção laplancheana de alteridade nos permitiria dizer é que o sucesso ou o fracasso dessas empreitadas está diretamente relacionado à capacidade de resposta à estraneidade do sexual de cada pessoa envolvida. Em outras palavras, a teoria segundo a qual os seres humanos encontram-se, na época atual e ao longo da história da civilização, submetidos a uma condição antropológica fundamental que pode ser descrita em termos de sedução generalizada e inconsciente da criança pequena pela criança no adulto não autoriza nenhuma prescrição normativa e muito menos patrulhamentos ideológicos. Para os profissionais e estudiosos do direito que esperam da psicanálise o estabelecimento de princípios universais capazes de iluminar a prática jurídica, a conclusão do texto de Laplanche sobre responsabilidade e resposta pode se revelar frustrante, pois sugere fortemente que o trabalho mirmecológico de cada psicanálise individual ainda é a única garantia do poder transformador que a psicanálise pode ter sobre a sociedade. Nenhuma intervenção em massa parece-lhe possível ou recomendável, tampouco nenhum algoritmo sociológico/comportamental revolucionário parece-lhe confiável.

Se retomarmos agora a teoria de Hans Kelsen e considerarmos que ele propõe a existência de uma "norma fundamental" sobre a qual se apoiaria toda a construção de um sistema jurídico baseado exclusivamente em aspectos formais, o contraste com o ponto de vista laplancheano torna-se evidente. Exatamente lá onde Kelsen pretendia estabelecer a objetividade de procedimentos que obedecem rigorosamente a uma lógica e a uma hierarquia imune a equívocos, Laplanche vem propor um fundamento antiformalista, que estabelece a presença irredutível da mensagem sexual do outro como instigação a uma resposta que fatalmente irá interferir em qualquer ato humano, inclusive os atos jurídicos. Cabe aqui uma rápida referência a Lévi-Strauss (1955), no seu comentário sobre a tribo Nambiquara, ao constatar que esta constituía a expressão mais simples de sociedade que se poderia observar; sociedade a tal ponto elementar que se aproximaria do estado de natureza, considerado por Rousseau como etapa anterior e como condição de existência das sociedades:

> *Por trás do véu das leis demasiado elaboradas dos Cadiueu e dos Bororo, eu havia prosseguido minha busca de um estado que – diz ainda Rousseau – "não existe mais, talvez jamais existiu, provavelmente nunca existirá e do qual, porém, é necessário ter noções exatas para bem se julgar nosso estado presente". Mais feliz que ele, eu acreditava tê-lo descoberto numa sociedade agonizante, mas a respeito da qual era inútil eu me perguntar se representava ou não um vestígio: tradicional ou degenerada, ela me colocava, ainda assim, em presença de uma das formas de organização social e política mais pobres que fosse possível conceber. Eu não precisava me dirigir à história particular que a mantivera nessa condição elementar ou que, mais provavelmente, a isso a reduzira. Bastava considerar a experiência sociológica que se passava diante de meus olhos. Mas era ela que se esquivava. Eu procurara uma sociedade reduzida à sua expressão mais simples. A dos Nambiquara o era, a tal ponto que nela só encontrei homens. (Lévi-Strauss, 1955, p. 299)*

À semelhança de Lévi-Strauss, que termina por encontrar apenas homens onde esperava ter encontrado a forma mais simples e fundamental de sociedade, o pensamento de Laplanche nos leva a concluir que uma possível contribuição da psicanálise ao direito deveria afastar-nos da pretensão de extrair da psicanálise um aporte da envergadura de uma ética particular ou de uma moral fundada na teoria do inconsciente. Ao contrário, deve conduzir-nos a constatar que a possibilidade de elaborar e, eventualmente, reformular as respostas individuais dadas ao ataque interno produzido pelas "coisas" inconscientes é o melhor que ela pode oferecer, não ao direito, em toda sua amplitude e abstração, mas às pessoas que atuam no campo do direito. Ou seja, no final das contas, somos levados a reconhecer no ponto de vista laplancheano que toda contribuição da psicanálise ao direito deve partir do reconhecimento da amplitude do sexual e de sua primazia na compreensão da violência e na avaliação dos dispositivos destinados a puni-la e coibi-la. Podemos, assim, concluir que um confinamento de Eros dentro dos limites do amor, do narcisismo e da vida se opõe frontalmente à concepção laplancheana do sexual. Da mesma forma, a redução do inconsciente à lógica do significante ou à estrutura de uma linguagem acaba por servir a um formalismo que só distancia a psicanálise da real diversidade das manifestações do sexual, e consequentemente interfere negativamente em sua capacidade de contribuir com qualquer área do conhecimento.

Referências

Barthes, R. (1988). *O rumor da língua*. São Paulo: Brasiliense

Borges, G. M., & Cardoso, M. R. (2011). A repetição onírica do "terror": limites da representação. In M. R. Cardoso, & C. A. Garcia (Orgs.), *Limites da clínica, clínica dos limites* (pp. 103-115). Rio de Janeiro: Companhia de Freud.

Cardoso, M. R. (2004). Entrevista com Jean Laplanche. In M. R. Cardoso (Org.), *Limites* (pp. 193-207). São Paulo: Escuta.

Dejours, C. (2003). *Le corps, d'abord*. Paris: Payot.

Foucault, M. (1969). *Ditos e escritos*. Rio de Janeiro: Forense Universitária.

Freud, S. (1895). Estudos sobre a histeria. In S. Freud, *Edição Standard das Obras Psicológicas Completas de Sigmund Freud* (Vol. III). Rio de Janeiro: Imago, 1969.

Herzog, R. (2011). Os limites da representação psíquica. In M. R. Cardoso, & C. A. Garcia (Orgs.), *Limites da clínica, clínica dos limites* (pp. 77-91). Rio de Janeiro: Companhia de Freud.

Kelsen, H. (1960). *Teoria pura do Direito*. São Paulo: Martins Fontes, 1999.

Minerbo, M. (2009). *Neurose e não-neurose*. São Paulo: Casa do Psicólogo.

Laplanche, J. (1993). *Le fourvoiment biologisant de la sexualité chez Freud*. Paris: Synthélabo.

Laplanche, J. (1999a). Sublimation et/ou inspiration. In J. Laplanche, *Entre séduction et inspiration: l'homme* (pp. 301-338). Paris: PUF.

Laplanche, J. (1999b). Séduction, persécution, révelation. In J. Laplanche, *Entre séduction et inspiration: l'homme* (pp. 7-56). Paris: PUF.

Laplanche, J. (1999c). Court traité de l'inconscient. In J. Laplanche, *Entre séduction et inspiration: l'homme* (pp. 67-114). Paris: PUF.

Laplanche, J. (1999d). Responsabilité et réponse. In J. Laplanche, *Entre séduction et inspiration: l'homme* (pp. 147-152). Paris: PUF.

Laplanche, J. (2007). *Sexual: la sexualité élargie au sens freudien*. Paris: PUF.

Lévi-Strauss, C. (1955). *Tristes trópicos.* São Paulo: Companhia das Letras, 2007.

Radbruch, G. (1997). *Filosofia do Direito*. 6ª ed. Coimbra: Arménio Amado.

Morrer em análise[1]

Rubens Marcelo Volich

"Sinto que você morreu...", disse-me Martine, após alguns minutos de silêncio. E ela tinha razão.

Acompanhando seus pensamentos ao longo da sessão, fui subitamente tomado pela dor de uma lembrança insuportável. Capturado, realmente deixara de escutar Martine que, sentindo ter me perdido, apontava-me tê-la abandonado. Resgatado por sua frase, lembrei-me de sua história, de suas dificuldades amorosas, da morte precoce de sua mãe, de sua amargura e de sua agressividade contida, mas frequentemente manifesta, contra aqueles que ela mais amava.

Qualquer um desses caminhos provavelmente poderia tê-la levado a retomar suas associações, sua elaboração, suas próprias lembranças. Porém, era verdadeiro o que sentira. Mais que uma reprodução do passado, era certo que ali, naqueles instantes, no

---

1 Uma versão inicial abreviada deste trabalho foi publicada em *Percurso – Revista de Psicanálise*, (38), jun. 2007.

presente, eu efetivamente não pudera estar com ela, investi-la. Morrera.

Insidiosa, marcada por uma dor que não escolhemos, infiltrou-se entre nós não a fantasia, mas a realidade da perda. Sem dúvida, seria mais seguro persistir pelos clássicos caminhos da transferência: lembrara de sua mãe? Desejara sua (minha) morte?... Poderíamos, talvez, esperar que tais interpretações e suas elaborações contribuíssem para o lento trabalho de cicatrização de antigas feridas de Martine. Deixaríamos, no entanto, sangrando o corte daquele abandono que acabávamos de experimentar.

Correndo os riscos que, em tais circunstâncias, a convocação abrupta da realidade pode produzir no espaço transferencial, da ruptura possível que uma interpretação de tal natureza poderia provocar, disse-lhe que, efetivamente, não pudera estar com ela naquele momento. Que fora ela que me trouxera de volta de um lugar que eu não pudera evitar. Entre lágrimas silenciosas, Martine suspirou, aliviada. Não suportaria, disse-me, mais uma mentira em sua vida. Seguimos trabalhando. Por alguns anos...

"Condenados a investir..."

Desde o início da vida, o ser humano é tributário do desejo e do investimento de seu semelhante. Da concepção ao nascimento, dos primeiros aos mais tardios momentos do desenvolvimento, é no contexto libidinal e imaginário das relações nas quais foi concebido que se constitui e se organiza o sujeito, que se moldam seus desejos e destinos. Imaturo ao nascer, apesar de completo do ponto de vista biológico, o bebê não é capaz de sobreviver por si mesmo, dependendo dos cuidados de outro ser humano para que sua vida e seu desenvolvimento sejam possíveis.

Cabe a esse outro, geralmente a mãe, não apenas satisfazer as necessidades fisiológicas e instintivas da criança, protegê-lo contra as ameaças físicas do meio, mas também, como *para-excitações* (Freud, 1920), proteger o bebê de estímulos internos e externos que ainda não é capaz de assimilar. Essa função é essencial para desenvolvimento do bebê e, em particular, de seu aparelho psíquico. Essa proteção permite a descoberta e o acompanhamento dos ritmos próprios da criança, a percepção, a interpretação e a resposta aos contatos corporais, às vocalizações e aos gestos do bebê. A mãe coloca-se, assim, como organizadora de comportamentos e de funções do lactente, como intérprete de suas reações (Aulagnier, 1975).

A passagem da existência intrauterina para o mundo confronta o bebê à experiência do desamparo.[2] Em pouco tempo, seu organismo é solicitado a responder a sensações, estímulos, e necessidades com as quais nunca antes se deparara. Essa vivência é marcada pela desorganização, pela impotência, pela sideração, pela extrema dependência de um outro para sobreviver e organizar-se. Como lembra Freud (1920), essas experiências se constituem como a fonte essencial da angústia[3] e se reatualizam nas vivências traumáticas.

No contato com a mãe, o bebê experimenta a satisfação de suas necessidades, mas também a carência, a falta e a frustração. Por um lado, ele vive os efeitos prazerosos dessa satisfação, por outro a ambivalência e a destrutividade materna, também presentes na relação que começam a estabelecer. Portanto, esse encontro inaugural é marcado tanto pelo prazer e pelo desejo de vida, como pela decepção, pela perda, pela falta, componentes indissociáveis

---

2 "Qual é o núcleo, a significação da situação de perigo? Manifestamente a avaliação de nossa força comparada à grandeza desse perigo, o reconhecimento de nosso desamparo face ao mesmo, desamparo material, no caso de perigo real, desamparo psíquico no caso de perigo da pulsão" (Freud, 1926, p. 280).

3 "A angústia se revela como produto do desamparo psíquico do bebê, que é . . . uma variante de seu desamparo biológico" (Freud, 1926, p. 253).

de muitas sensações presentes e futuras desses dois seres. Assim, o desamparo vivido pelo bebê não se constitui apenas como a experiência de sua dependência de um outro humano, mas também como a "descoberta" por ele de que este outro pode também colocar em risco sua existência, desejar sua destruição, sendo, inclusive, capaz de realizá-la.

Tais características dos primeiros encontros da vida do sujeito são evocadas a cada vez que ele é confrontado à necessidade ou ao desejo de entrar em contato com seu semelhante. Nessa situação, ele se depara com o que Piera Aulagnier denominou *paradoxo fundamental*: todo objeto fonte de prazer e de vida pode também tornar-se para o eu um objeto fonte de sofrimento e de destruição (Aulagnier, 1975), e quanto mais um objeto é necessário ao prazer, mais intenso é seu poder potencial de sofrimento (Aulagnier, 1982).

Partindo das concepções freudianas sobre os dois princípios da atividade mental (Freud, 1911), Aulagnier (1975) sublinha que, em princípio, o eu deseja que toda atividade resulte apenas em experiências e representações fontes de prazer. Porém, esse eu deve curvar-se diante da realidade que lhe impõe, como imperativo de sobrevivência, a necessidade de preservação de seus investimentos. Para permanecer vivo, o eu é *condenado* a preservar uma relação de investimento com seu próprio corpo, com o eu de outros – cujo desejo se revela sempre autônomo e às vezes antinômico ao seu próprio –, e com esta realidade que nunca será totalmente conforme à representação que o eu desejaria ter dela. Além disso, esse corpo, esse outro por ele investido e essa realidade serão periódica e inevitavelmente fonte de sofrimento, incitando o que incita um movimento de desinvestimento, um desejo de fuga (Aulagnier, 1982).

Na tentativa de opor-se a este movimento de desinvestimento que ameaça um suporte de amor e de vida, o eu recorre, de forma análoga ao mecanismo de para-excitações, ao *para-desinvestimento*:

> *cada vez que uma experiência de sofrimento coloca em perigo seus investimentos privilegiados o eu pensará sua própria experiência [eprouvé] de forma a operar uma ligação entre um sofrimento, cuja presença e cujos efeitos ele não pode negar, e uma causa que possa, quanto a ela, permanecer suporte de investimento. (Aulagnier, 1982, p. 240, trad. minha)*

Revelam-se, então, nesses processos, os efeitos da batalha titânica entre as pulsões de vida e de morte.

Esses movimentos contínuos de investimento e desivenstimento, do quais o eu é tanto objeto como sujeito, organizam e marcam no sujeito as experiências de prazer e de desprazer. O *autoerotismo* é um dos primeiros recursos de autonomia disponíveis para a criança lidar com seu desamparo, com o desprazer e a emergência da necessidade.

A organização do circuito autoerótico e a estruturação das dinâmicas psíquicas que o acompanham dependem das características das primeiras relações objetais. A história da constituição do mundo objetal testemunha o percurso de satisfações e de frustrações dos desejos do sujeito, delineia as marcas dos investimentos e desinvestimentos. Por meio da constituição psíquica do objeto, estrutura-se a representação do mundo e organiza-se o universo pulsional.

As perturbações dessas relações comprometem o desenvolvimento dos recursos erógenos e representativos do sujeito, produzindo inclusive distorções significativas no curso natural dessas funções. De tais condições pode decorrer uma fissura entre as pulsões e as representações internas e externas. Os objetivos pulsionais e a atividade autoerótica correm o risco de tornar-se autônomos, desvinculados de toda representação mental dos objetos, resultando em muitas das manifestações mais primitivas e desorganizadas do sofrimento humano.

A função do objeto e as formas do sofrimento

O objeto constitui-se, portanto, como organizador do universo pulsional e representativo. Fonte de amor e de ódio, de satisfação e de frustração, ele é alvo tanto das forças pulsionais destrutivas como das amorosas do sujeito. Por meio dessa dinâmica articula-se a *intricação pulsional*, descrita por Freud (1920), entre pulsão de vida e de morte. O objeto é duplamente investido pulsionalmente. Por um lado, a pulsão de morte tende a destruí-lo, despedaçá-lo, fazê-lo desaparecer; por outro, a libido, paralelamente aos alvos sexuais, busca conservar e preservar o objeto de investimento. O trabalho de Eros é ligar, unir e organizar o que Tânatos tende a desligar, desunir e desorganizar. Situando-se entre essas duas forças, o objeto é o mediador e a condição da intricação pulsional.

Partindo dessa leitura freudiana e, particularmente, das transformações promovidas pela segunda teoria pulsional, Rosenberg (1991) descreve outras consequências dessas dinâmicas. Ele lembra que a ligação entre pulsão de vida e pulsão de morte funda o *masoquismo erógeno primário* e se constitui como um "lugar limite de entrelaçamento dos primeiros laços psíquicos duráveis". Ao mesmo tempo, esse núcleo masoquista erógeno primário é a "condição de formação do Eu, . . . a primeira forma de estruturação-organização do Eu" (Freud, 1924, p. 182).

É em torno desse núcleo masoquista erógeno primário que se organiza a experiência de temporalidade-duração interna e que se forma também "o primeiro esboço da vida autoerótica (masoquista), . . . o primeiro esboço da perversão (polimorfa) infantil" (Rosenberg, 1991, p. 80). Rosenberg convida-nos ainda a perceber em tais vivências a diferença entre a intricação pulsional primária, que ocorre em torno do *eu-sujeito*, e a intricação pulsional secundária, realizada por meio do *objeto*.

Como vimos, entre muitas outras funções, a mãe é responsável pela ligação da pulsão de morte pela libido, enquanto a criança não pode fazê-lo por ela mesma. É ela, como objeto primário, que prepara e condiciona a intricação primária. Rosenberg destaca essa responsabilidade arcaica da mãe pela intricação-ligação pulsional e sua importância para o futuro psicopatológico da criança. As formas de relação que ela estabelece com seu filho determinam

> *a qualidade da intricação primária, a existência de um núcleo masoquista primário sólido que garanta uma continuidade interna suficiente ou, ao contrário, um disfuncionamento deste núcleo-organização masoquista primário que tem como consequência uma ameaça – que pode ser grave – de descontinuidade de funcionamento do Eu. (Rosenberg, 1991, p. 79)*

Observamos na clínica as implicações desses estados mais graves de descontinuidade e de desorganização psicossomáticas, aqueles que se manifestam de forma predominantemente psíquica como nas psicoses, mas também os que se expressam de forma privilegiada pela via dos comportamentos (transtornos do impulso, toxicomanias, transtornos alimentares) ou ainda pelas desorganizações orgânicas encontradas nas doenças graves (Marty, 1980).

Em 1924, ao reexaminar suas concepções sobre o masoquismo a partir da segunda teoria pulsional, Freud se viu obrigado não apenas a questionar a função do princípio de prazer na vida psíquica, mas, principalmente, reconhecer a necessidade de mudança de um dos pilares da dimensão econômica da psicanálise:

> *se o princípio de prazer domina a vida anímica de forma que evitamento do desprazer e obtenção de prazer*

> *sejam objetivos imediatos, então o masoquismo é incompreensível. Se dor e desprazer podem ser, não advertências, mas alvos em si, o princípio de prazer está paralisado, e o* guardião da vida psíquica . . . *narcotizado. (Freud, 1924, p. 11, grifos meus)*

Somos assim convidados por Freud a pensar a função do princípio de prazer como "guardião da vida" em geral, e não apenas da vida psíquica, o que implica considerar esse princípio em sua relação com as pulsões de vida e de morte, e com as dinâmicas libidinais e de destruição.

Em *Além do princípio do prazer*, ao assimilar o conceito de Barbara Low de princípio de nirvana[4] ao funcionamento da pulsão de morte, Freud destaca que esse princípio é um funcionamento primário que no ser humano *sofre uma modificação* que o transforma em princípio de prazer. Essa modificação é provocada pela pulsão de vida "que obtém, ao lado da pulsão de morte, o direito de participar à regulação dos processos vitais" (Freud, 1920, p. 331). Assim, mais do que uma oposição entre as pulsões de vida e de morte, a intricação pulsional revela a possibilidade de investimentos recíprocos entre elas capazes de *modificar* as próprias características e os destinos dessas pulsões.

Com vistas à preservação da vida as pulsões de vida e de morte encontram-se mescladas. As tendências libidinais marcam e modificam as forças desagregadoras e destrutivas da pulsão de morte, e a destrutividade é impregnada pelas forças libidinais de ligação e integração características da pulsão de vida. Segundo Freud (1920), o masoquismo erógeno primário seria um vestígio do mo-

---

4 Tendência a reduzir a excitação no aparelho psíquico a zero, ou aos níveis mais baixos possíveis.

mento em que se realiza essa liga, essencial para a vida, entre Eros e Tânatos.

É esse núcleo masoquista primário que torna suportável a vivência do desamparo, as primeiras experiências de desprazer e de sofrimento. A possibilidade de libidinização dessas vivências é condição essencial para a constituição da organização psíquica primitiva, da coexcitação sexual e da experiência de continuidade dentro da fragmentação do próprio indivíduo e entre o indivíduo e seus semelhantes. Nessas condições, o masoquismo, investimento erógeno da experiência dolorosa, constitui-se como *promotor e guardião da vida.*

Pela ação de Eros, o masoquismo erógeno primário torna-se o meio por excelência para impedir a ação desorganizadora e destrutiva da pulsão de morte, no limite, para impedir a própria destruição do sujeito. Porém, como aponta Rosenberg (1991):

> *se o masoquismo pode impedir a satisfação de uma pulsão (de morte), é suficiente que ele se aplique a uma outra pulsão, à pulsão de vida, à libido, ou à pulsão de autoconservação para que paradoxalmente se transforme de masoquismo guardião da vida em masoquismo mortífero. (p. 72)*

É o que observamos em algumas anorexias mentais ou nas mutilações graves e até mortais de alguns psicóticos. O que é profundamente ameaçador no masoquismo é que, como sinal de advertência (desprazer), ele pode provocar a renúncia (impedir) à satisfação de necessidades vitais, colocando em perigo a vida.

O caráter mortífero do masoquismo é consequência das perturbações da intricação pulsional. A inexistência de condições para o investimento primário da destrutividade pela libido, fruto da perturbação das relações primitivas mãe-bebê, por exemplo, pode impossibilitar a constituição originária de um núcleo masoquista primário. Em outros casos, vivências traumáticas e perturbações relacionais graves podem também provocar o desinvestimento da ligação previamente existente entre os dois grupos pulsionais.

O efeito da desintricação pulsional é o desinvestimento do polo libidinal e objetal da pulsão de vida em benefício do polo autoconservador. A perda do desinteresse pelos objetos e pelo mundo objetal perturba e inviabiliza a vida psíquica, e esse desinvestimento passa a representar verdadeira ameaça à integridade da pessoa e, no limite, à sua própria vida. Não que se esgotem os esforços desesperados no sentido da autoconservação, mas pelo fato de esses esforços encontrarem-se completamente desvinculados de qualquer dimensão erógena, e pelo abandono do mundo objetal. A economia do sujeito passa a funcionar "em circuito fechado", voltada primordialmente para a busca e o acúmulo de excitações, em detrimento de um prazer de descarga como satisfação objetal.

Michel de M'Uzan (1984) descreve esse tipo de funcionamento em pessoas que se apresentam como verdadeiros que *escravos da quantidade*. Por sua vez, Gérard Szwec e Claude Smadja (1993) comentam os efeitos de tais dinâmicas observados nos *procedimentos autocalmantes* pela busca repetitiva da excitação. Nesses casos, as atividades motoras ou perceptivas utilizadas pelo ego para contra-investir uma realidade traumática também resultam de falhas da intricação pulsional que podem ser assimiladas às manifestações mortíferas do masoquismo.

Já Green (1986) descreve os efeitos da função *objetalizante* e de ligação das pulsões de vida, em oposição à função *desobjetalizante* e de desligamento da pulsão de morte. Ele aponta para as consequências das formas de destrutividade não ligadas. Essas podem manifestar-se nas formas graves de depressão que levam ao suicídio, na melancolia, no autismo infantil, na anorexia mental, nas psicoses que revelam a desintegração do ego, nas neuroses graves, nas estruturas narcísicas e nos casos limites. Essas manifestações caracterizam-se por um luto insuperável, por afetos relacionados à desintricação pulsional como angústias catastróficas ou impensáveis, sentimentos de futilidade, desvitalização ou morte psíquica, sensações abismais e de buracos sem fim.

O sofrimento na situação analítica

Todas essas considerações convidam-nos a refletir sobre os efeitos das situações de sofrimento, algumas vezes extremas, na situação analítica. Para além das mais conhecidas concepções freudianas, que assimilam dor e sofrimento à experiência de desprazer, que os associam às dinâmicas do trauma, marcadas pela efração e pela emergência de quantidades de excitação não ligadas,[5] compreendemos, a partir da segunda teoria pulsional, que na experiência do sofrimento encontram-se intimamente implicadas as passagens de condições de investimento para vivências de desinvestimento.

Como o desenvolvimento humano, tanto o adoecer como o processo terapêutico são permeados pelo contexto relacional. Independentemente de sua vontade, no encontro com o paciente, todo terapeuta – psicoterapeuta, psicanalista, médico e outros profissionais de saúde – passam a fazer parte do universo de relações desse paciente. O terapeuta, aquele que cuida, constitui-se

5 "Da dor conhecemos muito poucas coisas. A única certeza é dada pelo fato que a dor . . . aparece quando um estímulo atacando a periferia perfura os dispositivos do para-excitações e age desde então como um estímulo pulsional contínuo contra o qual as ações musculares, geralmente eficientes para subtrair ao estímulo o local estimulado, permanecem impotentes" (Freud, 1926, p. 285).

para ele como um objeto psíquico, também mobilizando, como vimos, impulsos amorosos e agressivos. Ele é vivido pelo paciente não apenas como alguém a quem ele dirige um pedido de alívio de seu sofrimento, mas também como alguém com quem vive seus desejos, sensações, afetos e fantasias, inconscientes.

Os destinos de todo ato terapêutico são marcados por tais transferências e pelas reações contratransferenciais que elas mobilizam no terapeuta (Freud, 1912). Na situação psicoterapêutica e psicanalítica, em particular, essas dimensões constituem os eixos em torno dos quais se desenvolve o processo terapêutico, porém elas não são exclusivas desse processo. Essas vivências são intensificadas pelas características regressivas do *setting* terapêutico e pelo sofrimento do paciente que busca ser aliviado de sua dor.

A compreensão da queixa do paciente, a anamnese, o exame clínico, a escuta e a atenção flutuante são influenciadas por reações inconscientes, pensamentos e sentimentos mobilizados no terapeuta por seu paciente, sobretudo por seu sofrimento. Essas experiências são também fontes de resistências do terapeuta para reconhecê-las, mas no processo psicanalítico, a resposta emocional do analista ao encontro com seu paciente – seu relato, seu aspecto, sua história, seus sintomas – é uma via privilegiada de acesso ao inconsciente do paciente.

Como aponta Fédida (1992), a contratransferência pode ser considerada do ponto de vista econômico como um para-excitações, mantendo a atenção do terapeuta em um nível estável, representando também um instrumento de percepção do qual é exigida fina mobilidade adaptativa. Mesmo sob suas formas desprazerosas, ela pode cumprir função importante na relação terapêutica. Segundo ele, a angústia contratransferencial pode se constituir como "um momento crítico de atenção, . . . um instante analítico de constituição da interpretação" (pp. 171, 174).[6] Dentro de certos limites...

Ao analista é dirigida a demanda do paciente de alívio do sofrimento, mas, inconscientemente, o paciente também atribui a ele uma responsabilidade pela dor que sente, o que alimenta os núcleos agressivos e persecutórios dessa relação. Ao mesmo tempo, a dor do paciente mobiliza no terapeuta seus próprios núcleos primitivos de desamparo e de sofrimento, promovendo sua identificação com aquela dor e com seus efeitos.

Em situações extremas, o sofrimento pode se expressar e mobilizar no par analítico vivências sensoriais que muitas vezes encontram-se aquém do discurso e das possibilidades de representação. Ao mesmo tempo, os componentes destrutivos, implicados nessa manifestação, podem também constituir um ataque às capacidades de representação e de elaboração do terapeuta, perturbando o exercício de sua função, impedindo sua escuta e sua capacidade de investimento no paciente.

Como vimos, a consistência do núcleo masoquista primário guardião da vida é condição para suportar as frustrações inevitáveis do contato com a realidade, e para o desenvolvimento do ser humano. É essa capacidade de minimamente tolerar o contato inevitável com as dores de sua história e de sua existência que viabiliza e promove o processo analítico. Porém, em algumas circunstâncias, o caráter insuportável da dor e do sofrimento compartilhados nesse processo pode, ao contrário, desencadear uma transformação abrupta do caráter guardião da vida do núcleo

---

6 Nessa mesma perspectiva, é importante também considerar o que denomino paradigma hipocondríaco da clínica. As sensações corporais vividas pelo terapeuta são um elemento essencial do contexto relacional que permite a compreensão da dinâmica do paciente e forja a interpretação (cf. Volich, 2002).

masoquista em sua vertente mortífera, na qual os investimentos não são mais possíveis.

Corre-se, então o risco do desenvolvimento no processo analítico de um verdadeiro abandono progressivo do objeto, de um "autismo masoquista" centrado em torno da excitação em si, inviabilizando a vida psíquica que, fragilizada, não tem como subsistir sem o objeto. Opera-se o desinvestimento do corpo ou parte dele, do paciente ou do analista, ou da realidade dos quais ele depende para existir. Nessas condições, o masoquismo pode tornar-se não somente mortífero, mas letal.

Desafios

Muitos acompanharam a luta do psicanalista Fábio Herrmann contra o câncer. Nas diferentes fases de seu tratamento, Fábio manteve, dentro de suas possibilidades, muitas de suas atividades institucionais e o atendimento de seus pacientes, com os quais fez questão de trabalhar as repercussões de sua doença e da provável morte que dela decorreria. Pôde despedir-se da maioria deles.

Dedicando um número especial a esse importante psicanalista brasileiro, a revista *Percurso* constatou que "temas como a doença e a morte do analista, essa agudização de sua humanidade e corporeidade . . . não são usualmente abordados nos escritos psicanalíticos". Convidou, então, alguns colegas a se manifestar sobre essas manifestações da existência e da finitude do analista no decorrer de uma análise.[7] Esse convite evocou em mim a lembrança de Martine.

---

7 Respondemos a esse convite Carmen S. Molloy, Liana Pinto Chaves e eu [cf. *Percurso – Revista de Psicanálise*, (38), 171, jun. 2007].

Acompanhamos durante anos a vida de nossos pacientes. Conosco, eles compartilham suas alegrias e tristezas, suas realizações e fracassos, seus momentos de vitalidade e de fragilidade. A nós eles confiam suas dores, suas dúvidas, seus medos e prazeres. Testemunhamos seu crescimento, sua velhice, suas conquistas e fracassos pessoais e profissionais, os momentos de beleza, de feiúra, de cansaço. Muitas vezes, acompanhamos suas doenças, das mais simples a algumas graves, entre a esperança e o desespero. Às vezes, os acompanhamos até seus momentos finais, em que nossas palavras parecem perder sua função, seu poder. Momentos em que nos resta apenas a esperança de ter conseguido, na história que construímos juntos, transformar nossa presença em algo que possa ainda atribuir um sentido a fantasias, antes impensáveis, que aos poucos se materializam na insuportável realidade de uma despedida, inevitável e definitiva.

Quanto a nós, analistas, quase sempre vivemos processos como esses de forma imperceptível para nossos pacientes. Eles quase nada sabem de nossas angústias, de nossas alegrias, de nossas vidas, de nossos amores, de nossas esperanças, conquistas ou frustrações. Geralmente somos traídos por nosso corpo, quando uma primeira ruga aparece revelando o efeito do tempo, quando uma olheira ou a palidez denunciam nosso cansaço ou tristeza, quando o emagrecimento, a postura ou outro sintoma apontam para a existência de uma doença ou de um mal-estar indisfarçável.

Desmarcamos sessões, atrasamos, suspiramos, transpiramos, gaguejamos... mas, em geral, ali estamos, presentes... Os pacientes acompanham esses e muitos outros sinais, imaginam suas causas tentando compreendê-los, preocupam-se, convidam-nos a nomeá-los, recebendo quase sempre em troca uma interpretação que os convoca a suas próprias histórias, mas que, por mais pertinente que seja, não responde completamente à inquietação que a fragilidade de nossa existência material revela e mobiliza em suas fantasias.

Às vezes, abruptamente, a presença do analista não é mais possível. Uma doença súbita, um drama familiar, um acidente podem interromper as sessões por um período mais prolongado. Algumas vezes, para sempre. Nem sempre a despedida é possível.

Outras vezes, ainda, mesmo íntegros e fisicamente presentes na sessão, podemos desaparecer diante do caráter insuportável de algumas vivências que o paciente nos convida a compartilhar.

Em um processo psicanalítico, como na vida, quase nunca escolhemos o encontro com a perda. Fantasia e realidade dessa experiência se impõem, mesclando-se às vivências pulsionais mais primitivas, muitas vezes, sem palavras. O frio, o silêncio, a penumbra, a paralisia, a solidão combinam-se para compor o cenário doloroso por onde desfilam os abandonos, as separações, as mutilações, as doenças, as mortes. Na análise, porém, apresenta-se a possibilidade de, não mais solitários, mas acolhidos por uma pessoa significativa, retomar o contato com essas feridas, esperando que possam cicatrizar. O investimento do analista, pela presença, pela escuta, pela palavra, em alguns momentos, inclusive pelo gesto, é o que propicia a aproximação dessas dores para a constituição de um outro olhar, de uma outra experiência que permita libertar-se da tendência algumas vezes irrefreável de sua repetição.

Há, porém, momentos em que, mesmo com o resguardo e a proteção do enquadre analítico, subitamente, o investimento do analista não é mais possível. Pelo encontro insuportável com uma cena desde sempre evitada, pela intensidade da dor mobilizada, pela violência pulsional irrefreada. Recolhidos ao mínimo espaço de nossa própria sobrevivência, por alguns instantes, somos anestesiados, ensurdecidos, abandonamos, desinvestimos. Morremos. Para o outro, para o mundo.

Assim oscila a análise para ambos, paciente e analista, entre o investimento e o desinvestimento, entre a vida e a morte. A dor da morte, da perda, é a dor do desinvestimento.

Por que falou Martine a um morto? Por um lado, naturalmente, pela estranha familiaridade de sensações que já experimentara em sua própria vida, para conjurar a ideia/desejo de que eu realmente tivesse morrido. Por outro, também por ter se percebido como a única que poderia, ali, naquele momento, ao dirigir-me sua fala, seu desejo, seu investimento, me ressuscitar. Apesar de tomada por sua própria dor, Martine descobriu-se, sem saber, como guardiã e promotora da vida.

Ainda que a aliança em torno do desejo de vida seja a condição fundamental para uma análise, nesse processo é inevitável que analista e paciente se deparem frequentemente com experiências de perdas, abandonos, de desinvestimentos. Somos constantemente confrontados a dolorosos momentos em que corremos o risco de efetivamente morrer um para o outro. Insuportável condição de não existir para esse outro, tão significativo, da qual, muitas vezes, nem mesmo o enquadre ou a técnica pode nos proteger. Porém, quando tolerada, essa condição é incontornável para a descoberta, mesmo em condições extremas de sofrimento, dos recursos de investimento de cada um.

Há ainda, é verdade, inesperados momentos em que perdas, mortes, separações reais tornam impossível o reencontro, esvaziando gestos e palavras, tornados quase sem sentido. Momentos solitários, em que o resgate da memória, dos encontros, do vivido, é quase a única arma de resistência à inefável convocação melancólica, último recurso para o investimento e a promoção da vida.

Referências

Aulagnier, P. (1975). *A violência da interpretação.* Rio de Janeiro: Imago, 1978.

Aulagnier, P. (1982). Condamné à investir. In P. Aulagnier, *Un interprète en quête de sens* (pp. 239-263). Paris: Ramsay, 1986.

Fédida, P. (1992). L'angoisse dans le contre-transfert ou l'inquiétante étrangeté du transfert. In P. Fédida, *Crise et contre-transfert* (pp. 169-188). Paris: PUF.

Freud, S. (1905). Três ensaios sobre a teoria da sexualidade. In S. Freud, *Edição Standard Brasileira das Obras Psicológicas Completas de Sigmund Freud* (Vol. VII, pp. 129-256). Rio de Janeiro: Imago, 1980.

Freud, S. (1911). Formulações sobre os dois princípios do funcionamento mental. In S. Freud, *Edição Standard Brasileira das Obras Psicológicas Completas de Sigmund Freud* (Vol. XII, pp. 277-286). Rio de Janeiro: Imago, 1980.

Freud, S. (1912). A dinâmica da transferência. In S. Freud, *Edição Standard Brasileira das Obras Psicológicas Completas de Sigmund Freud* (Vol. XII, pp. 133-143). Rio de Janeiro: Imago, 1980.

Freud, S. (1914) Sobre o narcisismo: uma introdução. In S. Freud, *Edição Standard Brasileira das Obras Psicológicas Completas de Sigmund Freud* (Vol. XIV, pp. 89-122). Rio de Janeiro: Imago, 1980.

Freud, S. (1915). Os instintos e suas vicissitudes. In S. Freud, *Edição Standard Brasileira das Obras Psicológicas Completas de Sigmund Freud* (Vol. XIV, pp. 137-168). Rio de Janeiro: Imago, 1980.

Freud, S. (1920). Além do princípio do prazer. In S. Freud, *Edição Standard Brasileira das Obras Psicológicas Completas de Sigmund Freud* (Vol. XVII, pp. 17-85). Rio de Janeiro: Imago, 1980.

Freud, S. (1924). O problema econômico do masoquismo. In S. Freud, *Edição Standard Brasileira das Obras Psicológicas Completas de Sigmund Freud* (Vol. XIX, pp. 199-212). Rio de Janeiro: Imago, 1980.

Freud, S. (1926). Inibições, sintomas e ansiedade. In S. Freud, *Edição Standard Brasileira das Obras Psicológicas Completas de Sigmund Freud* (Vol. XX, pp. 107-200). Rio de Janeiro: Imago, 1980.

Green, A. (1986). Pulsion de mort, narcissisme négatif, fonction désobjectalisante. In *La pulsion de mort* (pp. 54-55). Paris: PUF.

Kreisler, L. (1992). *A nova criança da desordem psicossomática*. São Paulo: Casa do Psicólogo, 1999.

Marty, P. (1990). *A psicossomática do adulto*. Porto Alegre: Artes Médicas, 1994.

M'uzan, M. de (1984). Les esclaves de la quantité, *Nouvelle Revue de Psychanalyse*, *30*, 129-138.

Rosenberg, B. (1991). *Masochisme mortifère, masochisme gardien de la vie*. Paris: PUF.

Smadja, C. (1993). À propos des procédés autocalmants du moi, *Revue Française de Psychosomatique*, (4), 9-26.

Szwec, G. (1993). Les procédés autocalmants par la recherche de l'excitation, *Revue Française de Psychosomatique*, (4), 27-52.

Volich, R. M. (2000). *Psicossomática, de Hipócrates à Psicanálise*. 7ª ed. rev. e amp. São Paulo: Casa do Psicólogo, 2010.

Volich, R. M. (2002). *Hipocondria: impasses da alma, desafios do corpo*. São Paulo: Casa do Psicólogo.

Volich, R. M. (2005). A clínica dos farrapos: por uma clínica psicanalítica das desorganizações, *Percurso*, (34), 85-98.

Volich, R. M. (2007). Morrer em análise, *Percurso*, (38), 171-173.

Sobre as bordas na clínica com as psicoses e na construção dos objetos no laço mãe-bebê

Silvana Rabello

> *Um continente que por sua massa desvia os raios luminosos, e que consequentemente não pode se ver – desvia as linhas de forças e consequentemente não pode se reencontrar – desvia a irradiação conceitual e consequentemente não pode se conceber...*
>
> *É por pura analogia que podemos pressenti-lo, por pura adivinhação que podemos a ele recorrer, ele existe apenas com os olhos fechados, como um fantasma lisérgico sobre a retina ou as pálpebras. Mas basta fixá-lo um breve momento para fazê-lo emitir uma irradiação complementar.*
>
> Baudrillard (1995)

Na clínica psicanalítica junto às psicoses, adulto ou criança, encontra-se um laço peculiar entre estes e seus pais, marcado pela ausência de bordas necessárias para que seja configurada a dimensão de alteridade. Sem estas, são muitas as peculiaridades a que ficam submetidos, tanto a organização dos laços sociais, como o lugar nas instituições culturais por onde circulam.

Por *ausência de bordas* entende-se um laço marcado por seu caráter intrusivo naquilo que se entende o corpo de um e de outro, ou desejos, pontos de vista, angústias de um e outro, tornando cotidiano o que consideramos culturalmente transgressivo.

Pode-se dizer que não se trata exatamente de um laço, mas de um nó, daqueles impossíveis de desatar. *Sem bordas*, um e outro não têm clareza de seus limites e constroem suas vidas como uma só. Como nó, não se desenlaça e se reenlaça com facilidade para se enredar na trama social. Acabam por construir uma lógica e código próprios, linguístico e ético e, por consequência, uma dimensão de exclusão social e cultural, ainda que não convivam mais diariamente.

Mesmo que *as bordas*, cotidianamente, não sejam tão claras para qualquer um, porque são subjetivas e não objetivas, temos um saber sobre elas, a ponto de se construir uma ética compartilhada, reguladora das relações e leis que marcam os limites, a ponto de se discutir ideias como intrusão, exclusão, invasão, violação, transgressão ou desrespeito.

Trata-se do horror à transgressão que define a neurose, que a determina, gerando conflitos na forma de sintomas – seus pilares de sustentação –, constituídos a partir dos laços primordiais, por meio do recalque que também inscreve a história familiar pelas interdições e pelos limites inevitáveis de um sobre o outro. Constroem-se, assim, *bordas*, que passam a delinear as dimensões de "eu" e "outro" como objetos na dimensão da alteridade. Ou não.

A organização neurótica é ameaçada frente ao nó, por ter renunciado a ele em nome de outra lógica subjetiva, da alteridade, tornando-se, o nó, uma opacidade de ordem especial. As palavras não circulam nesta dinâmica, pois não são reconhecidas as posições de interlocução indiscutíveis na lógica neurótica.

Essa configuração *sem bordas* no cotidiano dos atendimentos clínicos do Projeto Espaço Palavra da Clínica Psicológica Ana Maria Poppovic, na Pontifícia Universidade Católica de São Paulo (PUC-SP), suscita questões teóricas e técnicas na clínica, seja com adultos ou com crianças.

Ao mesmo tempo em que estes sujeitos demandam algo ao psicanalista, apresentam desafios teóricos e técnicos ao profissional que está do lado de fora do nó, onde a lógica subjetiva é outra e, portanto, são outros o valor das palavras e sua operacionalidade. Nesse sentido, são situações de difícil compreensão e intervenção, suscitando, por parte do psicanalista, o estudo dos caminhos por onde são construídas *as bordas* que definem a alteridade, isto é, as representações do que consideramos "eu" e "outro" como objetos psíquicos, e sobre os impasses nessa configuração.

A busca do lugar justo para essa escuta e intervenção revela um ponto ótimo impossível. É necessária, porém, uma posição que permita reconhecer a complexidade humana presente e seu sofrimento, permitindo a construção de uma direção ao tratamento. Afinal, conforme Lacan (2006), a finalidade da formação do psicanalista é de se fazer à altura dessa função que se chama sujeito.

As dificuldades nessa clínica, especialmente com crianças, onde o psicanalista transita neste nó, irredutível às palavras e à assunção do sujeito numa criança, exigiram um novo caminho para buscar novas visões, onde, por ora, não se encontram pontas para se afrouxar o nó. Buscou-se assim uma distância, necessária para um possível pensar, por meio do estudo de outra configuração clínica que não aquela com as psicoses.

Trata-se de pais-bebê que buscam escuta ao sofrimento vivido num difícil desmame do seio materno. Parece, este, um nó ainda recente, com intervalos e pontas identificáveis.

Discriminar-se nas relações amorosas, sejam estas fundantes ou não, exige trabalho. O laço mãe-filho, para além do envolvimento alienante, deve inaugurar discriminações como organizações complexas, produzindo intervalos entre corpos e desejos, organizando as possibilidades para a experiência do encontro-desencontro na alteridade, por meio da construção de si mesmo e do outro como objeto.

Lembra Lacan, no *Seminário IV* (1956-1957), dedicado à relação de objeto, que Freud não se ocupa precisamente ou esquematicamente da relação de objeto, apesar de insistir num aspecto essencial – quando se fala de objeto, trata-se sempre de um objeto a se reencontrar, portanto, perdido, o que se opõe à noção de objeto real, acabado, harmônico, e à noção de sujeito autônomo.

Cabe lembrar, conforme Freud (1915) nos ensina sobre a pulsão, que o objeto, entre os quatro elementos que a constituem – fonte, força, finalidade e objeto –, seria o mais contingente e substituível. Um objeto que busca ser buscado para que se constitua como tal, na lógica do encontro-desencontro.

> *É claro que uma discordância é instaurada pelo simples fato dessa repetição. Uma nostalgia liga o sujeito ao objeto perdido, através da qual se exerce todo o esforço de busca. Ela marca a redescoberta do signo de uma repetição impossível, já que, precisamente, este não é o mesmo objeto, não poderia sê-lo. (Lacan, 1956-1957, p. 12)*

O objeto primordial já fora interditado ou recalcado, portanto, perdido.

> *A primazia dessa dialética coloca, no centro da relação sujeito-objeto, uma tensão fundamental, que faz com que o que é procurado não seja procurado da mesma forma que o que será encontrado. É através da busca de uma satisfação passada e ultrapassada que o novo objeto é procurado, e que é encontrado e apreendido noutra parte que não no ponto onde se o procura. Existe aí uma distância fundamental, introduzida pelo elemento essencialmente conflitual incluído em toda busca do objeto. Esta é a primeira forma sob a qual, em Freud, aparece a relação de objeto. (Lacan, 1956-1957, p.12)*

Consideramos, assim, para se pensar o problema em questão, o estudo da organização dos objetos, determinada por um fundo de angústia que denota a falta do objeto primordial e o estudo da dimensão de angústia presente nesse processo, em parte favorecendo, em parte impedindo sua organização.

Favorecendo, uma vez que a angústia ligada à falta do objeto primordial evoca um objeto a se reencontrar, que denote, em si, a presença e a ausência do objeto primeiro, inaugurando em si esta lógica subjetiva. Trata-se, assim, de uma noção de objeto alucinado sobre um fundo de realidade angustiante, que traz em si um furo essencial: "também aqui, o objeto tem uma certa função de complementação em relação a alguma coisa que se apresenta como um furo, até mesmo como um abismo na realidade" (Lacan, 1956 1957, p. 22).

Sobre o que impede esta organização, dedicaremos, mais à frente, algumas reflexões a partir de fenômenos observados.

* * *

Na neurose, as palavras incidem através de deslocamentos infinitos produzindo novos objetos e novos sentidos ao mesmo objeto, a partir de repetições que retomam traços, bem como produzem distância de suas experiências primordiais. Isso é o que se entende por recalque, a distância que se cria dos objetos primordiais, interditando-os por meio da sombra de seus substitutos que, por sua vez, carregam em si a marca do conflito e da lógica presença-ausência, partilháveis nos laços e na cultura.

Trata-se de colocar outro traço em cima do traço do objeto que havia até então e que não coincide com o anterior. Por esse motivo convoca à repetição da busca de outro, tratando-se, então, de repetição da diferença. Na busca do mesmo, encontra outro, repetindo, ao final, a diferença entre objetos.

> *O "percebido" não recobre o real de um objeto, mas é o que falta para assegurar a completude do Outro; o objeto aceito ou recusado pela criança não o é em razão de sua qualidade, mas é julgado* em função de sua relação com a falta da mãe, falta que se representa no real do objeto. *Na dialética da aceitação e da recusa, a criança situa sua própria existência em sua articulação com a falta do grande Outro; a repetição opera seu movimento em relação à castração do Outro . . . (Kaufmann, 1996, p. 356, grifos do original)*

Os fenômenos clínicos aqui descritos revelam, porém, um território onde a palavra não produz novos sentidos. Apesar destas, as repetições seguem imperiosas e inabaláveis. Um "mesmo", sem distâncias, nem intervalos suficientes para a interdição do objeto primordial. Esta é a impermeabilidade peculiar verificada, que se mantém enigmática, pois, para além do pedido de uma escuta e de uma palavra que sustente a construção de bordas e intervalos necessários entre mãe e filho, aparece uma recusa à produção de intervalos ou a qualquer dimensão de alteridade em relação ao nó.

No caso do difícil desmame, a recusa aparece, ao contrário da clinica das psicoses, pontualmente, isto é, restrita à situação da amamentação que, nesse caso, parece sustentar em si todo o laço mãe-bebê.

Ressalto a recusa que se apresenta, aqui como impermeabilidade às discriminações, de onde deveria advir a alteridade. As bordas, nessas configurações, provocam angústias profundas ligadas à separação, levando a mãe a proteger seu filho, a se proteger nele e o pai a ambos, inscrevendo os intervalos na lógica da recusa, e a alteridade, na dimensão da ameaça.

Os intervalos são sistematicamente recusados, sendo que essa recusa não diz respeito a uma decisão egoica ou a uma manifestação sintomática. A ausência paterna se traduz, muitas vezes, como o reconhecimento, de sua parte, de uma impossibilidade de se produzir intervalo ali, em função de certa qualidade de sofrimento que exige a recusa da sua presença como terceiro. Assim, frente à ameaça mortífera, é preciso se deixar enodar para coexistir.

É possível perceber que esse movimento de proteger a criança e a si das angústias de separação não se refere a uma decisão; não existe a possibilidade de fazer diferente, como conseguem fazer, muitas vezes, com outros filhos ou com outras pessoas. Algo acontece na peculiaridade do nascimento dessa criança que produz um nó irredutível, essa dinâmica peculiar, como se fosse um campo de força que repele qualquer alienígena que dali se aproximar.

O aspecto desse desafio clínico a ser pensado aqui são as contingências das ligações entre inscrições psíquicas e seus impasses, produzindo fenômenos, como os descritos, que não se traduzem como incidências da divisão do sujeito operada pela castração, o que desafia a clínica psicanalítica pelo seu manejo singular.

O que faz com que a angústia se faça impedimento à constituição da alteridade nesse laço filial, e não o fundo necessário para o surgimento do objeto? Parte-se do fato de que a angústia está sempre na base da construção dos objetos, mas o que determinaria, aqui, os objetos não se delinearem como resposta à angústia? O que, em sua lógica, determinaria a recusa e o apagamento dos traços de separação em lugar da produção de um sintoma que conseguiria, em si, reunir traços da presença e da ausência, bem como da satisfação e da interdição?

Por que a necessária presença do outro, gerando, em lugar do *fort-da* em sua dimensão de dominação e construção do objeto, produções imaginárias como ecolalias e estereotipias, como repetições idênticas, incapazes de construir distância do original na ordem subjetiva dessas crianças?

> *A relação imaginária, que é uma relação essencialmente alienada, interrompe, desacelera, inibe, inverte na maioria das vezes, desconhece profundamente a relação de palavra entre o sujeito e o Outro, o grande Outro, na medida em que este é um outro sujeito, um sujeito por excelência capaz de enganar. (Lacan, 1956-1957, p. 10)*

Nessa situação clínica, a mensagem que advém do Outro primordial é tomada ao pé da letra, em terceira pessoa, sem a inversão que permitiria, no intervalo assim produzido, a organização de um "eu", a assunção do sujeito e a construção da alteridade. Aqui, o objeto jamais é perdido, jamais interditado, presença sem intervalos, já que estes são recusados.

Mas lembremos, ainda com Lacan neste mesmo seminário, outro aspecto sobre o objeto levantado por Freud – sua reciprocidade imaginária. "Assim, a identificação com o objeto está no fundo de toda relação com este" (p. 26).

A identificação radical diz respeito ao sofrimento vivido na recusa ao desmame, revelando, nessa perspectiva, sua condição de refém, um e outro, já que a separação seio/boca não pode ocorrer, sequer para dormir, ou para os cuidados íntimos. Trata-se de uma separação seio/boca. Se se tratasse da dimensão mãe/bebê, já traria em si uma subjetivação, na forma deste revestimento simbólico do corpo, comportando, então, outras possibilidades de ligação e de intervalos constituídos. Encontraríamos aí o sucesso de uma dimensão subjetiva instaurada na lógica da alteridade.

Revela-se, a impossibilidade do desmame como resposta encontrada às angústias geradas pelos intervalos surgidos entre mãe e bebê, a serem recusados. Assim, não inauguram trocas de sons e sorrisos como prolongamento dos corpos, nenhuma protoconversação inaugurando uma transitividade, que seria exercitada a partir das trocas de lugares e de posições subjetivas na dupla amorosa.

Sabe-se que a amamentação tem seu lugar de importância na vida subjetiva de uma criança, como processo pelo qual se exercita o surgimento de uma mãe e de um bebê a partir de um só eu ideal, conforme Freud nos ensina em "Introdução ao narcisismo" (1914). No vai e vem da alimentação, dos olhares, dos sinais e percepções, são construídas sutis identificações e discriminações, num processo de re-ordenamento infinito dos traços identificatórios que constituirão estes novos personagens, diferenciados, na lógica significante. Sobre isso Lacan (1938) já afirmava, em *Complexos familiares*, que

> *É a recusa do desmame que funda o positivo do complexo familiar, a saber, a imago da relação nutriente que ele tende a restabelecer. Essa imago é dada em seu conteúdo pelas sensações próprias aos primeiros meses de vida, mas só tem forma à medida que estas se organizam mentalmente. Ora, sendo esse estádio anterior ao advento da forma do objeto, não parece que esses conteúdos possam se representar na consciência. Eles aí se reproduzem, entretanto, nas estruturas mentais que modelam as experiências psíquicas ulteriores. (p. 20)*

Ao contrário da direção necessária à constituição dos objetos, temos nos recortes clínicos que serão apresentados um objeto que não pode se perder.

> *. . . o desmame, por qualquer das contingências operatórias que comporta, é frequentemente um traumatismo psíquico . . . Essa crise vital se duplica, com efeito, numa crise do psiquismo . . . Pela primeira vez, parece, uma tensão vital se resolve em intenção mental. (Lacan, 1938, p. 19)*

O desmame é considerado aqui uma situação paradigmática desse impasse, vital, mas que se organiza por meio de uma resolução psíquica, como construção de objetos psíquicos, em lugar do seio – passagem fundamental à ordem subjetiva.

A construção dos objetos não depende do desmame para ocorrer, mas trata-se de uma contingência que revela que a pulsão não tem nada de natural, que ela consiste em uma vestimenta linguageira que o Outro oferece ao sujeito em resposta ao que emerge de seu corpo e que retorna sobre a criança como hipótese sobre sua subjetividade, como resposta ao seu apelo; trata-se de um fluxo de palavras que ordena o fluxo de leite. Ou não.

Dessa forma, o campo pulsional é bordado e ordenado nas construções acerca do objeto que a pulsão constrói ao redor do vazio, a partir da estrutura linguageira materna.

> *A imago, no entanto, deve ser sublimada para que novas relações se introduzam com o grupo social, para que novos complexos as integrem no psiquismo. Na medida em que resiste a essas exigências novas que são as do progresso da personalidade, a imago, salutar na origem, torna-se fator de morte. (Lacan, 1938, p. 25)*

Ao lado do encantamento determinado pela cena da amamentação, a angústia de morte ronda a experiência da amamentação, como experiência relacionada à sobrevivência do corpo e da vida amorosa numa única configuração.

* * *

> *Vamos centrar, por exemplo, nossa questão inicial no que faz a diferença entre a função de uma fobia e a de um fetiche, na medida em que estão centradas, ambas, no mesmo fundo de angústia fundamental, sobre o qual uma e outra seriam convocadas como uma medida de proteçao ou de garantia por parte do sujeito. (Lacan, 1956-1957, p. 22)*

Lacan, ainda no *Seminário IV*, alerta para a questão de se tomar um problema clínico pela perspectiva única da relação de objeto, pelo perigo de se falar, como se fosse um mesmo fenômeno, da organização do objeto-fetiche, do objeto-fobia, do objeto transicional, dos objetos psíquicos em geral ou em sua não construção, colocando todos na lógica dos cuidados da mãe sobre o bebê em sua dimensão identificatória, isto é, imaginária. Reconhecendo que todos estes objetos são construídos como resposta ao "furo" inevitável, o que daria a esses diferentes objetos sua peculiaridade?

Algo deve ser introduzido para não se buscar explicações uniformes para efeitos diversos. Assim, a lógica identificatória, que apresenta os fatos a partir da dimensão imaginária, exigiria sua discussão, também, a partir da dimensão simbólica, marcando com diferenças o universo da multiplicidade identificatória vivida pelo humano.

O enfrentamento de incógnitas e dificuldades constitui o exercício da pesquisa psicanalítica, onde a prática terapêutica é uma forma de investigação e de promoção da assunção, pelo sujeito, da verdade de sua história e de seu desejo, considerada em sua metapsicologia. Então vamos à prática – um recorte clínico.

Mãe e filha em radical colamento, dia e noite, em casa e no trabalho, por meio do seio. A garota com dois anos dorme todas as noites sobre o corpo da mãe, sugando seu seio, ao lado do pai, acolhedor e silencioso. Mãe em obesidade mórbida come dois pratos, por ela e pela filha, para, através do seio, alimentá-la.

Esta mãe reconhece o excesso e pede ajuda, porém, refém uma da outra, não há saída, organizando-se uma lógica que só o laço imaginário pode constituir: unidade na dualidade.

Por meio da escuta e de intervenções oferecidas, por onde a angústia pudesse circular para além do laço imaginário, surge o sofrimento materno relativo à morte de sua mãe quando tinha dois meses de idade. Surge seu desamparo, de casa em casa, refém de um e outro, até construir sua própria família. Nesta criança, encontra o amparo necessário, inexplicavelmente, construindo-se nessa experiência, não mais no desamparo.

Uma vez circunscrito o sofrimento na mãe, a criança passa a se interessar pelo mundo, deixa o seio, revelando riqueza interna e um desenvolvimento surpreendente, uma vez que até então não falava. O frescor desse laço, ainda em constituição, se mostra passível de intensas ressignificações desencadeadas pelo deslocamento do sofrimento de volta ao local de origem, na experiência insuportável de desamparo materno.

Em contraponto, no cotidiano da clínica das psicoses, junto ao adulto ou mesmo junto às crianças maiores, encontramos a cronificação desses lugares indiferenciados na acolhida do desamparo. Porém, ao lado da libertação da criança dessa angústia, da retomada do seu desenvolvimento e do enriquecimento de sua vida subjetiva, sua mãe é tomada integralmente pelo seu desamparo inicial, que produz nela um fenômeno surpreendente.

É tomada por uma angústia que não encontra na palavra, nem na escuta, qualquer possibilidade de circulação e, numa dimensão "surda" e impermeável de sofrimento, passa a apresentar um quadro anoréxico, que a faz perder dezenas de quilos em poucos meses.

Agora, em vez de dois pratos de comida, nenhum, revelando o vazio com o qual foi confrontada esta mulher a partir de sua experiência nos cuidados desta criança.

Mais uma vez, Lacan (1956-1957):

> *Assim constituída, a imago do seio materno domina toda a vida do homem . . . ela pode conseguir se saturar no reviramento da situação que ela representa, o que só é realizado estritamente na ocasião da maternidade. No aleitamento, no abraço e na contemplação da criança, a mãe, ao mesmo tempo, recebe e satisfaz o mais primitivo dos desejos. . . (p. 24)*

Quanto esta mãe nos ensina acerca da radicalidade do sofrimento, em forma de desamparo, retomado na situação da amamentação, invadindo, em seu excesso, a vida subjetiva da criança, "criança-filha" e "criança-mãe", exigindo cuidado especial, revelando nessa dimensão um fenômeno que faz a palavra fracassar.

Quanto nos ensina acerca do movimento paterno que silenciosamente acolhia esse desamparo na forma do "nó", dormindo silenciosamente, todas as noites, na mesma cama em que elas viviam coladas por meio da boca-seio. Aflito, acompanhava, à relativa distância, o encaminhamento de sua configuração familiar.

A radicalidade desse sofrimento denuncia a impossibilidade do simbólico em construir a distância necessária para novas significações, como presença-ausência, revelando, neste lugar, um vazio. E vazio não é o mesmo que ausência.

A potência identificatória que sustenta o laço mãe-bebê, nesse caso, revela a reviravolta sugerida por Lacan, que acolhe em uma única cena a mãe para seu bebê, em si mesma e, ao mesmo tempo, como bebê para sua mãe, em si. Essa reviravolta pode nutrir uma mãe dos cuidados recebidos a serem transmitidos nesse acolhimento ao bebê, a partir do processo identificatório. Assim como pode confrontar mãe e bebê a o vazio marcado pelo desamparo que devasta os traços que poderiam construir simbolicamente os objetos, sugerindo um fenômeno outro da configuração plena da circulação significante.

Outro recorte clínico, agora pais e filho de dois anos e meio que chegam pelo difícil desmame e pelo fato, como no caso anterior, de o pequeno não falar, apesar de saudável e ágil.

Sua mãe cita, espontaneamente, recomendações literais da Organização Mundial da Saúde (OMS) referentes aos benefícios da amamentação, numa fala sem intervalos e sem dúvidas. Descrevem, porém, um menino pendurado no seio, em casa, também sem intervalos, e este relato é acompanhado pelo encantamento dos pais com a cena maternal.

Quando lhes é diferenciada a função alimentar do caráter adesivo na amamentação, sua mãe se angustia e o garoto, imediatamente, abre sua camisa e se pendura no seio materno. Ela pede socorro, agora a mim.

Na sequência, diz a ele que acredita não se tratar de fome, portanto, seria melhor brincar; diz em conflito, pedindo socorro com o olhar. Pai silencioso.

O pequeno se afasta e, contam, nunca mais voltou ao seio. Silencioso, começa a produzir jogos lúdicos ricos de simbolismo. Mais uma vez o frescor desse laço permite movimentos rápidos.

Parece uma história simples e com final feliz, porém, como mostra o recorte clínico anterior, não é disso que se trata. O mesmo foi verificado em experiências clínicas semelhantes, revelando a importância do fenômeno clínico recortado.

Com atenção à qualidade de seu jogo, aparece um garoto imerso na linguagem e na cultura e, aos poucos, aparece uma fala bem articulada em voz baixa, quase uma ilusão. Pais ansiosos e intensos, sem bordas, falam em tom alto e ininterrupto, tomados por conflitos matrimoniais que começam a surgir com violência em lugar daquele idílio amoroso em torno da cena maternal. Não conseguem perceber a fala discreta do pequeno.

Pai passa a trabalhar fora da cidade e se ausenta da casa, da cena maternal e das sessões. Mãe é tomada pela necessidade radical de controle familiar, e qualquer frustração, dimensão imaginária da falta, evocava ódio.

Se por um momento fosse apontada, na situação de atendimento, a fala sofisticada do garoto, que surgia discretamente nas sessões, nenhuma reação materna acontecia. Pelo contrário, ao perceber a fala do pequeno, sua mãe continuava a falar sem interrupções, sem intervalos. Certa vez, quando priorizo escutá-lo, ela prossegue sua fala, no celular com uma amiga, a quem ela dirige uma ligação ali mesmo na sala de atendimento.

Mais uma vez surpreende a grandiosidade do fenômeno que se revela numa situação de difícil desmame, exigindo elaboração.

Estes são episódios que revelam algo da primeira separação amorosa, aquela que se dá no laço primordial, quando esta se faz necessária e ao mesmo tempo mortífera.

> *... no mal-estar do desmame humano, a fonte do desejo de morte, reconhecer-se-á no masoquismo primário, o momento dialético em que o sujeito assume, por seus primeiros atos de jogo, a reprodução desse mesmo mal-estar e, com isso, o sublima e o ultrapassa.*
>
> *Foi justamente assim que os jogos primitivos da criança se mostraram ao olho conhecedor de Freud, essa alegria da primeira infância em rejeitar um objeto do campo de seu olhar, depois, encontrado o objeto, em renovar inesgotavelmente sua exclusão, significa justamente que é o patético do desmame que o sujeito inflige de novo a si mesmo, tal como ele o sofreu, mas do qual ele triunfa, agora que é ativo em sua reprodução ... (Lacan, 1956-1957, p. 32)*

Nessa clínica, nada de divisão do sujeito, nada de jogo do carretel, nada de masoquismo a serviço de constituir-se como objeto da pulsão. Apenas imperativos onipresentes que confiscam a vida psíquica dos integrantes dessas famílias.

Certamente, não se trata, nesses recortes clínicos, de um mesmo evento. Há peculiares encaminhamentos na lógica subjetiva dessas situações a partir dos peculiares recursos subjetivos em jogo, porém, para esse estudo, faço uma reflexão sobre um núcleo comum aqui recortado.

Como hipótese para pensar tal configuração, retomo a idéia de identificação em Freud, mais especificamente, a identificação narcisista. Devemos lembrar que a identificação é um processo anterior à organização de uma lógica dos investimentos objetais, onde a identificação aos pais, de início, é uma identificação mais direta e imediata, anterior a qualquer investimento objetal.

A partir desse universo das identificações, Freud sugere o papel da identificação narcisista que determina, por vezes, a resolução melancólica em lugar do luto, um processo pelo qual um investimento objetal é substituído por uma identificação, entendida por Freud como identificação regressiva, referida à dimensão do narcisismo primário.

Trata-se da lógica marcada pela sombra do eu ideal, onde os objetos não são substituíveis, pois ainda não são verdadeiramente objetos, não podendo ser destacáveis sem determinar a dissolução do eu.

Freud sugere a direção natural dos pais em satisfazer-se por meio de seus filhos, solucionando, assim, os impasses do passado, preenchendo algumas faltas, simbolicamente. Mas conforme Miguelez (2002), em "A escolha de Sofia", por mais clara que seja a natureza narcisista da relação pais e filhos, em nenhum momento Freud utiliza os mesmos termos que usa no caso da melancolia.

Segundo ele, para os pais, Freud fala de re-vivescência, de re-produção, de atribuição, sugerindo algo da ordem do deslocamento, sugerindo um narcisismo que passa, sim, de um lugar a outro. Lembra que há uma renúncia da satisfação narcísica direta destes pais, ao deslocá-la aos filhos.

Miguelez sustenta que isso é diferente do que Freud descreve a propósito da melancolia, pois, nesta, não há nada de renúncia, nem luto possível. Eu e objeto não conseguem distinguir-se, sugerindo que, na realidade, nem sempre os pais conseguem transvasar seu narcisismo, e que as consequências disso costumam ser graves para a vida psíquica dos filhos.

Assim, podemos pensar que um fenômeno da ordem da identificação narcisista possa estar na base dos fenômenos descritos, nas dificuldades com o desmame e na base do laço que sustenta a indiferenciação psicótica.

Porém, devemos ir além, sugere Lacan (1956-1967), para não nos restringirmos ao que ele chama de imperialismo da identificação, nos lembrando que esta dinâmica se desenvolve, sempre, diante de um Outro que assiste ao espetáculo. Seria equivocado acreditar que o objeto possa ser pensado apenas em termos de relação dual. Assim, ao contrário de Freud, Lacan não admite um eu-prazer original; o significante introduz o sujeito no furo do real, de saída, assim como o desejo incessantemente re-manifestado.

Nesse sentido, Penot (1992) ressalta que a realidade psíquica é constituída a partir desse sistema de mensagens parentais que forma a matriz das significações, o que entendemos como Outro primordial, sendo que o objeto só seria simbolizado a partir de sua ausência reconhecida ou decretada.

Assim, entende-se a recusa destacada inicialmente, à qual podemos chamar também renegação, como mecanismo relacionado à recusa da ausência, como suspensão da função de julgamento, como recusa a levar em conta, impedindo a simbolização desta ausência. Trata-se, portanto, de um conteúdo a ser rejeitado antes mesmo de ser conhecido – uma recusa perceptiva. "A renegação põe em jogo uma percepção imaginária traumatizante que é preciso diferenciar da denegação, que se situa no campo simbólico e participa do recalcamento e da sua suspensão parcial" (Kaufmann, 1996, p. 446).

Para Freud, a recusa ou renegação diz respeito, sempre, à recusa da realidade ou de uma parte dela, conforme a descreve a partir do movimento inicial da criança de recusa ou renegação da percepção da ausência do pênis na mulher, diferentemente da denegação, correspondente à rejeição de um conteúdo que já foi admitido e recalcado, como produto de um julgamento, portanto, do exercício da subjetividade. A recusa ou re-negação seria essa espécie de suspensão do próprio julgamento, como recusa da própria operação da negação, que Freud nos apresentou como primeiro movimento necessário a toda apropriação subjetivante de um dado perceptivo.

Sugere que essa suspensão subjetiva existente na recusa colocaria em dúvida a própria existência do sujeito, como possível ator de um julgamento próprio, configurando um fenômeno de elisão, como herança de uma dificuldade em dar sentido, anterior à história individual.

> *O sujeito é fabricado por um certo número de articulações produzidas e de onde ele caiu como fruto maduro da cadeia significante. Já quando vem ao mundo, ele cai de uma cadeia significante, talvez complicada, em todo caso elaborada, e é a ela muito precisamente que subjaz o que é conhecido como desejo dos pais. Dificilmente podemos deixar de fazê-lo entrar em consideração em virtude de seu nascimento, ainda que esse desejo fosse justamente de que ele não nascesse, e, sobretudo, neste caso. (Lacan, 1967-1968, p. 53)*

A psicanálise nos ensina, assim, que não há erro na lógica subjetiva, trata-se sempre de um sistema que não falha, sendo que seus fenômenos sempre dirão respeito à lógica de suas articulações discursivas. A partir desse raciocínio, Freud, em "Neurose e psicose" (1924), centra a questão da psicose precisamente na perda da realidade, onde a loucura é empregada como peça que se cola ali onde inicialmente se produzira uma falha na relação do eu com o mundo externo.

Sabemos que na neurose as exigências do Isso (*Es*) sofrem o recalcamento, ao passo que na psicose a realidade são renegadas, sendo que esta realidade não diz respeito a uma realidade externa propriamente, mas a uma realidade de pensamento.

> O Es *é aquilo que no sujeito é suscetível, por intermédio da mensagem do Outro, de tornar-se EU . . . o* Es *não é uma realidade bruta, nem simplesmente o que está antes, o* Es *já está organizado, articulado, o significante. (Lacan, 1967-1968, p. 45)*

Portanto, o sujeito deveria adaptar-se às modalidades que o confrontam às realizações possíveis de sua satisfação, abandonando o modo alucinatório.

Dessa forma, a experiência narcísica decorrente do estabelecimento do principio da realidade vai se fundar sobre a relação de objeto, e é aí que a noção de renegação se articula com a castração. Como exemplo, podemos pensar a renegação referida ao não reconhecimento da diferença sexual, isto é, da ausência de pênis na mulher, como uma questão de percepção, uma vez que esta questão perceptiva, imaginária, se articula à questão simbólica por meio do temor da castração.

> *Vemos portanto perfilar-se na noção de renegação a própria ideia de um mecanismo de defesa em face da realidade externa, mecanismo fundado sobre uma percepção de ordem sexual renegada por um processo de pensamento. Nessa medida, por estar articulada com a castração, a renegação se oferece como uma placa giratória entre neurose, psicose e perversão. (Kaufmann, 1996, p. 446)*

Isso poderia nos ajudar a pensar a renegação por trás da impermeabilidade à palavra, como alteridade, no fenômeno da psicose, e, pontualmente, explicando a impermeabilidade à palavra, como alteridade, nos casos de difícil desmame. E, conforme Freud, a psicose extrai sua força de uma parte de verdade histórica do sujeito que vem se colocar no lugar em que a realidade é recusada.

Assim, o que acontece na psicose, como funcionamento determinado numa dimensão estrutural, sua lógica subjetiva, poderia ser verificado num fenômeno, pelo menos de início, pontual, na cena do difícil desmame, exigindo olhar atento ao seu encaminhamento.

> *. . . o psicótico é confrontado com uma ausência de significante, nesse lugar, do pai como portador do falo enquanto significante do desejo. A articulação entre a diferença anatômica dos sexos em que opera o imaginário e a ameaça de castração por intermédio do simbólico, concernente ao desejo do pai enunciado pela mãe, não pode de fato ser compreendida de maneira isolada. Na verdade, o imaginário não poderia funcionar sozinho. Assim o fato perceptivo vem igualmente num só depois, do lado do Outro. Na psicose, a renegação*

> *estará portanto em paralelo com a foraclusão do Nome do Pai. (Kaufmann, 1996, p. 446)*

Lacan introduz, assim, o fato de contarmos sempre com o falo como elemento terceiro, trazendo para essa discussão, consequentemente, a trindade – simbólico, imaginário e real. Esta distinção lacaniana, entre imaginário e simbólico, permite compreender que, mesmo nesses fenômenos clínicos, no centro do problema, reside a questão da castração e, que as questões todas acerca do objeto e de suas bordas são favorecidas em sua compreensão ao colocarmos o falo como elemento terceiro, essencial à articulação de sua dinâmica.

Como nos ensinou Freud em "Pulsões e seus destinos" (1915), para a descrição de um fenômeno psíquico é inevitável aplicar, ao material clínico, certas ideias abstratas, recolhidas de alguma parte, comportando certo grau de indeterminação. E é esse o exercício aqui apresentado.

Referências

Baudrillard, J. (1995). *Cool Memories II: crônicas 1987-1990*. São Paulo: Estação Liberdade.

Freud, S. (1914). Introducción del narcisismo. In S. Freud, *Obras Completas* (Vol. XIV, pp. 65-98). Buenos Aires: Amorrortu, 1979.

Freud, S. (1915). Pulsiones y destinos de pulsión. In S. Freud, *Obras Completas* (Vol. XIV, pp. 105-134). Buenos Aires: Amorrortu, 1979.

Freud, S. (1924). Neurosis y psicose. In S. Freud, *Obras Completas* (Vol. XIX, pp. 151-160). Buenos Aires: Amorrortu, 1979.

Lacan, J. (1938). *Os complexos familiares*. Rio de Janeiro: Zahar, 2008.

Lacan, J. (1956-1957). *Seminário IV: a relação de objeto*. Rio de Janeiro: Zahar, 1995.

Lacan, J. (1967-1968). *Meu ensino*. Rio de Janeiro: Zahar, 2006.

Kaufmann, P. (1996). *Dicionário enciclopédico de psicanálise: o legado de Freud e Lacan*. Rio de Janeiro: Zahar.

Miguelez, O. M. (2002). A escolha de Sofia. Questões sobre luto e narcisismo, *Pulsional Revista de Psicanálise*, ano XV, (59), 36-43.

Penot, B.(1992). *Figuras da recusa*. Porto Alegre: Artes Médicas.

Sobre os autores

Claudia Amorim Garcia – Psicanalista e PhD pelo Wright Institute de Berkeley, na Califórnia. Atualmente exerce o cargo de Professora Associada do Departamento de Psicologia da Universidade Católica do Rio de Janeiro (PUC-Rio), onde faz parte do corpo docente da pós-graduação. É também membro efetivo do Círculo Psicanalítico do Rio de Janeiro desde 1992. Integra o grupo de trabalho Psicanálise e Clínica Ampliada, da Associação Nacional de Pesquisa e Pós-Graduação em Psicologia (ANPEPP), e é coautora do livro *Entre eu e o outro: espaços fronteiriços* (Juruá, 2010) e organizadora, junto com Marta Rezende Cardoso, da coletânea *Limites da clínica. Clínica dos limites* (Companhia de Freud, 2011).

Eliane Michelini Marraccini – Psicanalista, mestre, doutora e pós-doutora em Psicologia Clínica pela Pontifícia Universidade Católica de São Paulo (PUC-SP). Professora e supervisora do curso Formação em Psicanálise do Instituto Sedes Sapientiae (ISS) – São Paulo e membro da Associação Universitária de Pesquisa em Psicopatologia Fundamental. Desde 1975, dedica-se ao trabalho de consultório, grupos de estudo e supervisões clínicas. É autora do livro *Encontro de mulheres: uma experiência criativa no meio da vida* (Casa do Psicólogo, 2001); organizadora da coletânea *O eu em ruína: perda e falência psíquica* (Primavera Editorial, 2010; Blucher, 2021); e autora de trabalhos publicados em diversos periódicos e coletâneas científicas.

Elisa Maria de Ulhôa Cintra – Psicanalista e professora na graduação em Psicologia e no programa de pós-graduação em Psicologia Clínica da Pontifícia Universidade Católica de São Paulo (PUC-SP). Escreveu uma tese de mestrado sobre as raízes do pensamento de Melanie Klein e uma tese de doutorado sobre pulsão de morte, narcisismo absoluto e depressão. Dedica-se ao trabalho de consultório, a supervisões e à orientação de pesquisas em psicanálise na interface com obras literárias e filmes. Desenvolve um projeto de pesquisa voltado para a "reação terapêutica negativa" e as situações limite, a partir da clínica e da obra de Klein, Winnicott, Britton, Ogden, Bollas e Caper. Publicou o livro *Melanie Klein: estilo e pensamento* (Escuta, 2004), em coautoria com Luis Claudio Figueiredo, e organizou o livro *O corpo, o eu e o outro* (Dimensão 2006). Escreve em vários periódicos e participa de coletâneas, entre elas *Limites* (Escuta, 2004), com o capítulo "Lendo André Green: o trabalho do negativo e o paciente limite", e *O eu em ruína: perda e falência psíquica* (Blucher, 2021), com o capítulo "O eu em ruínas no documentário Estamira".

Flávio Carvalho Ferraz – Psicanalista, Livre-docente pelo Instituto de Psicologia da Universidade de São Paulo (IPUSP), membro dos Departamentos de Psicanálise e de Psicossomática do Instituto Sedes Sapientiae (ISS) e professor do Curso de Psicanálise desse mesmo Instituto. É autor de diversos livros, entre os quais

Normopatia: sobreadaptação e pseudonormalidade (Casa do Psicólogo, 2002) e *Cama de Campanha* (Ateliê Editorial, 2006).

Maria Helena Fernandes – Psicanalista, doutora em Psicanálise e Psicopatologia pela Universidade de Paris VII, sob orientação de Pierre Fédida. Pós-doutoramento pelo Departamento de Psiquiatria da Universidade Federal de São Paulo (Unifesp). Professora do Curso de Psicanálise e professora colaboradora do Curso de Psicossomática do Instituto Sedes Sapientiae (ISS). Membro dos Departamentos de Psicanálise e de Psicossomática do mesmo Instituto. Autora dos livros *L'hypocondrie du rêve et le silence des organes: une clinique psychanalytique du somatique* (Presses Universitaires du Septentrion, 1999), *Corpo* (Casa do Psicólogo, 2003) e *Transtornos alimentares: anorexia e bulimia* (Casa do Psicólogo, 2006).

Maria Teresa de Melo Carvalho – Psicóloga, psicanalista, doutora em Psicanálise pela Universidade de Paris VII e professora aposentada do Departamento de Psicologia da Universidade Federal de Minas Gerais (UFMG). Autora do livro *Paul Federn: Une autre voie pour la théorie du moi* (PUF, 1996); coautora dos livros *Por que Laplanche?* (Zagodoni, 2017) e *Imitação, seu lugar na psicanálise* (Casa do Psicólogo, 2011); e autora do capítulo "L'univers mytho-symbolique devant la curiosité sexuelle des enfants", da coletânea *Laplanche et la traduction: une théorie inachevée* (PUF, 2018), entre outros capítulos de livros e artigos em periódicos.

Marta Rezende Cardoso – Graduada em Psicologia pela Pontifícia Universidade Católica do Rio de Janeiro (PUC-Rio). Mestre e especialista em Psicologia Clínica pela mesma instituição. Possui formação em Psicanálise pela Sociedade de Psicanálise da Cidade do Rio de Janeiro (SPCRJ). Realizou seu doutorado na França, na Universidade de Paris VII, sob a orientação de Jean Laplanche. É professora titular do Instituto de Psicologia da Universidade Federal do Rio de Janeiro (UFRJ), pesquisadora do Conselho Nacional de Desenvolvimento Científico e Tecnológico (CNPq) e membro da Associação Universitária de Pesquisa em Psicopatologia Fundamental. Além de ter publicado vários artigos em periódicos e coletâneas, é autora do livro *Superego* (Escuta, 2002), coautora de *Entre eu e o outro: espaços fronteiriços* (Juruá, 2010), e organizadora da coletânea *Limites da Clínica. Clínica dos limites* (Companhia de Freud, 2011), com Claudia Amorim Garcia, de *Excesso e trauma em Freud: algumas figuras* (Appris, 2016), e de *Diferença e segregação* (Appris, 2018), com Regina Herzog.

Paulo de Carvalho Ribeiro - Formou-se em Medicina na Universidade Federal de Minas Gerais (UFMG), fez doutorado em Psicanálise e Psicopatologia na Universidade de Paris VII e pós-doutorado na Pontifícia Universidade Católica de São Paulo (PUC-SP). É psicanalista, professor do Programa de Pós-Graduação em Psicologia da UFMG. Autor dos livros *O problema da identificação em Freud* (Escuta, 2000) e *Imitação, seu lugar na psicanálise* (Casa do Psicólogo, 2011), além de vários artigos em revistas especializadas.

Raquel Rubim del Giudice Monteiro - Formada em Psicologia pela Pontifícia Universidade Católica de Minas Gerais (PUC-MG), possui especialização em Teoria Psicanalítica pela Universidade Federal de Minas Gerais (UFMG) e formação em Psicanálise pela Escola Brasileira de Psicanálise - Seção Minas Gerais (EBP-MG). Realizou o seu mestrado em Teoria Psicanalítica na Universidade

Federal do Rio de Janeiro (UFRJ). Atualmente, dedica-se ao trabalho clínico.

Rubens Marcelo Volich – Psicanalista e doutor pela Universidade de Paris VII. Membro do Departamento e professor da Especialização em Psicossomática Psicanalítica do Instituto Sedes Sapientiae (ISS). Autor de *Psicossomática: de Hipócrates à psicanálise* (Casa do Psicólogo, 2000), *Hipocondria: impasses da alma, desafios do corpo* (Casa do Psicólogo, 2002) e *Tempos de encontro: escrita, escuta, psicanálise* (Blucher, 2021). Co-organizador e autor dos livros da série Psicossoma (Casa do Psicólogo).

Silvana Rabello (*in memoriam*) – Psicanalista graduada em Psicologia pela Pontifícia Universidade Católica de São Paulo (PUC-SP), com mestrado em Educação – Distúrbios da Comunicação e doutorado em Psicologia Clínica pela mesma instituição. Assistente-doutora da PUC-SP, no Departamento de Psicologia do Desenvolvimento, e membro da Associação Universitária de Pesquisa em Psicopatologia Fundamental. Coordenadora do Projeto Espaço Palavra (aprimoramento clínico institucional na área do autismo e psicose), do curso de Pós-Graduação *Lato Sensu* em Teoria Psicanalítica (PUC-SP) e de um grupo de pesquisadores no campo da detecção precoce de psicopatologias graves.

GRÁFICA PAYM
Tel. [11] 4392-3344
paym@graficapaym.com.br